Lustige Solo-Sketche für jede Feier

urania

Antje Dohrn

Lustige Solo-Sketche

für jede Feier

Zum Thema bei Urania:

Elke Müller-Mees
Kindersketche für Familienfeste
ISBN 3-332-01298-3

Marlies Götter
Geburtstags-Überraschungen
100 Ideen, die Freude machen
ISBN 3-332-01386-6

Ingrid Gottstein
Wir gratulieren zum Geburtstag!
Verse, Lieder und Gedichte
ISBN 3-332-01407-2

Bellina Liebenow
Glückwunschverse zum Geburtstag
ISBN 3-332-01296-7

Cornelia Fischer
Partytime!
36 Mottofeste fürs ganze Jahr
ISBN 3-332-01399-8

Antje Dohrn bei Urania:

Lustige Sketche für Familienfeste
ISBN 3-332-01246-0

So wird die Hochzeitsfeier zur Party
ISBN 3-332-01299-1

Originelle Vortragstexte für jeden Anlass
Sketche, Reden und Verse
ISBN 3-332-01438-2

Sketche für den Hochzeitstag
Silberne, goldene und andere Jubiläen
ISBN 3-332-01432-3

Die Autorin:
Antje Dohrn ist Studienrätin für Deutsch, Englisch und Französisch und lebt als Hochschuldozentin und Autorin in Berlin. Sie hat im Urania Verlag bereits sieben erfolgreiche Ratgeber veröffentlicht.

Wir danken für die Abdruckgenehmigung S. 14: aus: Sempé **Stille, Lust und Pracht** Copyright © 1994 Diogenes Verlag AG Zürich

Bibliografische Information Der Deutschen Bibliothek
Die Deutsche Bibliothek verzeichnet diese Publikation in der Deutschen Nationalbibliografie; detaillierte bibliografische Daten sind im Internet über http://dnb.ddb.de abrufbar.

Urania Verlag
Verlagsgruppe Dornier
Postfach 80 06 69, 70506 Stuttgart

www.urania-verlag.de
www. verlagsgruppe-dornier.de

Umschlaggestaltung: Behrend & Buchholz, Hamburg
Titelfoto: Strauss/Curtis/Corbis
Redaktion: redaktionsbüro drajabs, Berlin
Typografie: AS Typo & Grafik, Berlin
Druck: Westermann Druck, Zwickau
Printed in Germany

ISBN 3-332-01540-0

Liebe Leserin, lieber Leser ...

... irgendwo schlummert in uns allen ein angeborener Spieltrieb, mal offen, mal versteckt, bei dem einen stärker, bei dem anderen weniger stark ausgeprägt, mitunter im täglichen Auf und Ab des Alltags müde gähnend und nicht so recht zum Zuge kommend ...

Doch jedes Jahr hat seine Höhepunkte – Feste und Feiern, bei denen man nicht mehr nur Zuschauer und Zuhörer, Beobachter und Applaudierender sein möchte, sondern bei denen der Spieltrieb erwacht, die Finger anfangen zu jucken, die Füße zucken und das Herz »Mitmachen« schreit!

Neben anregenden Gesprächen und feierlichen Reden, dem Genuss köstlicher Speisen, Getränke und musikalischen und tänzerischen Darbietungen aller Art soll gerade auf Festen und Feiern auch der Spaß nicht zu kurz kommen, denn gemeinsames Lachen schafft eine gute Festatmosphäre. Und die ist wiederum das Wichtigste für eine gelungene Feier, an die sich alle noch lange erinnern.

Bedienen Sie sich zu diesem Zweck einer – wie man aus dem Italienischen übersetzen würde – *kleinen dramatischen Skizze*, bei uns besser bekannt als Sketch! Spielen Sie Ihrem Publikum die Miniatur eines Dramas, einer Komödie oder – ganz wie im Leben! – einer Tragikomödie vor, unterhalten Sie es einen Moment mit einer der Situation angemessenen, kurzen und effektvollen kleinen Szene! In den Tönen können Sie dabei wählen zwischen heiter-amüsant und ironisch-bissig – ganz wie es der Anlass, die Stimmung und Ihr Publikum verlangen oder verdienen!

Graben Sie Ihren Spieltrieb während der wenigen Minuten Ihres Auftritts aus, feuern Sie ihn ordentlich an und lassen Sie ihm freien Lauf, spielen Sie mit Ihrer Rolle und dem Publikum und treiben Sie den Sketch auf die höchste Spitze, um ihn dann mit beiden Händen in die Runde zu werfen.

Viel Spaß und Erfolg mit den Solo-Sketchen auf allen Festen und Feiern wünscht Ihnen

Antje Dohrn

Planung und Aufführung der Sketche

Die lang angekündigte Hochzeit der Schwester rückt immer näher, man ist zur Taufpatin auserkoren worden, der 18. Geburtstag der ältesten Tochter soll gefeiert werden, und ein Polterabend für Freunde ist geplant. Die Nachbarn geben eine Hauseinweihungsparty, Oma und Opa feiern ihr 50. Hochzeitsjubiläum, und die beste Freundin lädt zum runden 40. ein. Dazwischen wird noch ein Kollege pensioniert, alte Freunde ziehen um, ein Faschingsfest wird organisiert und das Weihnachtsprogramm zusammengestellt …

Ein Sketch kommt immer gut an

Die Anzahl der Feste und Feiern ist groß, und groß und vielfältig sind auch die Ideen für die Gestaltung der Festivitäten – sei es als Gastgeber oder Gast. Leider fehlt bei allem Ideenreichtum und aller Bereitschaft aber oftmals schon im Vorfeld die Zeit und räumliche Nähe, um sich lange im Voraus mit anderen zusammenzutun und über mehrere Tage oder gar Wochen einen gemeinsamen Beitrag für die Feier vorzubereiten und einzustudieren.

Manchmal kommt man erst nach vielen anderen Vorbereitungen auf die Idee, sich genauer mit dem Unterhaltungsprogramm zu beschäftigen und den Verlauf des Festes durch ein bisschen Spaß und Spiel zu lenken, man erfährt vielleicht ganz kurzfristig von einer Feier oder erinnert sich zu spät daran, um dann noch eine aufwändige Produktion auf die Beine stellen zu können.

Was sind Solo-Sketche?

Die in diesem Buch zusammengestellten Solo-Sketche machen es auch dem eiligen und gestressten Partygeber oder Gast möglich, sich in das Festprogramm einzubringen.

Ohne große Vorbereitung an Technik, Mobiliar, Kostümen, Material, Dekor und Requisiten kann er aus dem Repertoire im Handumdrehen ein kleines Stückchen zaubern, das ebenso unkompliziert wie unterhaltsam ist und alle Anwesenden schnell in Feststimmung versetzt.

Die Solo-Sketche konzentrieren sich auf eine vortragende oder handelnde Person; die Augen der Zuschauer sind auf sie gerichtet, sodass hierbei Spannungsbogen, Gestik und Mimik besonders wichtig sind. Ausführliche Regieanweisungen helfen dabei, das Publikum in Atem zu halten, und geben dem Darsteller eine genaue Vorstellung von seiner Rolle und Handlung. Sie sind als Hilfe gedacht, können aber flexibel verändert werden, wenn es die Rolle oder Person des Darstellers verlangt oder die Aussage leicht verändert werden soll.

Für Abwechslung sorgen verschiedene Tonaufnahmen und Nebenrollen, die spontan oder mit ganz wenig Vorbereitung an Personen aus dem Publikum oder an willige Freunde vergeben werden können. Diese Rollen sind stumm, die Personen »handeln« höchstens durch Gestik oder Mimik, was jedoch nicht extra eingeübt werden muss, sondern sich meistens natürlich aus den jeweiligen Situationen ergibt. Diese Nebenrollen begleiten, ergänzen und unterstützen in einigen Sketchen das Spiel des Solisten oder der Solistin.

Bei der Auswahl der Solo-Sketche wurde Wert darauf gelegt, dass eine Person sie im Zeit- und Textumfang ohne große Vorbereitung, hohen Zeitaufwand und viele Proben bewältigen kann, wobei mindestens ein Probedurchgang vor der eigentlichen Aufführung eingeplant werden sollte – auch um zumindest kurz in wenigen Worten den »Mitspielern« ihre Rollen zu erklären oder zu demonstrieren, sich schon ein bisschen aneinander zu gewöhnen und sich in die eigene Rolle einzufühlen, bevor es richtig losgeht!

Die Vortragsdauer der Sketche variiert von ca. 3–20 Minuten. Die Stücke beziehen sich auf einen bestimmten Anlass oder auf einen Feierschwerpunkt, aber sie sind oft leicht, mit wenigen kleinen Veränderungen, auf andere Anlässe übertragbar. Manche Anlässe wie z. B. die Hochzeit oder der runde Geburtstag werden fast immer mit Gästen und einem Festprogramm gefeiert. Für diese Anlässe finden Sie deshalb besonders viele Sketche. Aber auch für Situationen, die weniger im großen Kreis gefeiert werden, z. B. berufliche Veränderungen, gibt es eine Auswahl an Stücken, mit denen Sie für Abwechslung auf diesen Feiern sorgen können.

Die Realisierung – einfacher als gedacht

Das für die Sketche notwendige Mobiliar, Requisiten und Material ist leicht zu beschaffen und findet sich in den meisten Haushalten. Auf die wenigen Ausnahmefälle (z. B. lebendige Hunde oder eine eiförmige Pappmaché-Attrappe) weisen die Regieanweisungen am Anfang der jeweiligen Sketche hin!
So wie die angegebenen Altersangaben in vielen Fällen flexibel zu handhaben sind, ist auch die Personenbeschreibung der Vortragenden keinesfalls verpflichtend. Die Rollen sind zwar zunächst auf einen bestimmten Charakter zugeschrieben, aber auch hier können Männer manchmal durch Frauen, Erwachsene durch Jugendliche und Kinder ausgetauscht werden.
Vor allem für die großen traditionellen Familienfeste wie Hochzeiten, Hochzeitsjubiläen oder runde Geburtstage finden Sie Sketche, die besonders gut von Kindern und Jugendlichen besetzt werden können. Dadurch wird auch diese Personengruppe stärker in das Festprogramm einbezogen!
Insgesamt soll die Konzentration auf der Aufführung selbst liegen, sodass alle Schwierigkeiten der Umsetzung bereits im Vorfeld möglichst weit reduziert werden. So können die Stücke mit etwas Vorstellungskraft bereits entspannt auf dem Weg zur Feier, in Flugzeug, Bahn, Bus oder Auto (natürlich dort nur als Beifahrer!) einstudiert werden!

Am Aufführungsort

Am Aufführungsort brauchen Sie ein paar Informationen, um die Voraussetzungen für die Aufführung zu schaffen:

1. Ist genug Platz für die Handlung und das benötigte Mobiliar usw. vorhanden? Kann eine kleine Bühne aufgebaut werden?
2. Gibt es einen Off-Bereich, aus dem jemand oder etwas kommen und in den jemand oder etwas verschwinden kann?
3. Sind die Lichtquellen ausreichend, oder brauchen Sie zusätzliche Beleuchtung?
4. Brauchen Sie Steckdosen oder technische Geräte?
5. Sind Neben- oder Hintergrundgeräusche ausgeschaltet?
6. Sind genug Sitzplätze für die Zuschauer vorhanden, und kann jeder von seinem Platz aus die Vorführung gut sehen?
7. Installieren Sie die notwendigen Tonträger für das Publikum unsichtbar und für den Vortragenden bedienbar.
8. Überprüfen Sie die Tonträger auf die gewünschte Lautstärke!

Wenn es die Zeit erlaubt, proben Sie Ihre Sketche ein- bis zweimal vor der richtigen Aufführung am Veranstaltungsort und unter den dort vorliegenden Bedingungen.

Der Spaß ist die Hauptsache, und es wird schon gelingen: Humor ist, wenn man trotzdem lacht!

Kinder und ihre Hüter:

Geburt, Taufe und Einschulung

Ein ungeduldiges Beinahe-Baby, das mit einigem Temperament aus seiner neunmonatigen Behausung »schlüpft«, unruhige Gedanken eines frisch gebackenen Opas anlässlich seiner bevorstehenden Rede, eine albtraumhafte Taufe und Verführungen der besonderen Art auf dem Weg zur Einschulung – schon die allerersten Feste der Kinder halten die Familie in Atem!

Geburt

Embryo-Talk

Dauer: ca. 5 Minuten
Personen: Mädchen oder Junge zwischen 8 und 10 Jahren, ein Helfer, der das Ei schüttelt
Requisiten: eiförmige, große, nach einer Seite und unten hin offen stehende Attrappe aus Pappmaché, großer Wecker mit Klingel, dessen Alarm gestellt ist
Ton: Weckerticken und -klingel
Kostüm: rosafarbener oder hellblauer »Anzug« (Leggins und T-Shirt o. Ä.)

Eingangsszene: Das Kind sitzt in nachdenklicher Pose in der höhlenförmigen Eiattrappe im Schneidersitz auf dem Fußboden, die Arme sind vor der Brust verschränkt, der Blick ist auf das Publikum gerichtet. Neben ihm steht der tickende Wecker auf dem Boden.

Embryo: Hier sitz ich nun, ich armer Tor,
und komm mir noch recht leblos vor!
(klopft vorsichtig an eine der Pappwände) Ich wünschte, ich könnte sehen, was dort draußen los ist! *(seufzt)* So viel gibt es hier drinnen wirklich nicht mehr zu tun. *(gähnt und läuft auf und ab)* Zu wenig Bewegung! Ich werde immer dicker! *(zieht den Gummizug seiner Hose nach vorne und beäugt kritisch seinen Bauch)* Und langweilig ist mir auch! Aber lange kann es ja jetzt nicht mehr dauern! *(schaut auf das Zifferblatt des großen tickenden Weckers und nickt zufrieden)* Bald geht es los, und ich werde endlich sehen, was es so außerhalb meiner Höhle gibt. *(bedauernd)* Obwohl es hier drinnen eigentlich ganz gemütlich war … so schön warm … *(sich wohlig räkelnd)* … und so still …

In diesem Moment wackelt jemand an dem Ei, sodass auch der Embryo hin- und herwankt und umkippt, dann aber wieder aufsteht und sich kopfschüttelnd die Hosenbeine abklopft.

Embryo: *(vorwurfsvoll)* In letzter Zeit ist es allerdings nicht mehr so still und gemütlich hier!

Es fängt wieder an zu wackeln, und der Embryo schwankt hin und her, fällt wieder hin und bleibt auf dem Bauch liegen. Der Wecker kippt ebenfalls um.

Embryo: Was macht sie bloß wieder? Mit wird ganz schwindelig von dem Geschaukel!

Er stellt den Wecker hinter sich wieder auf, krempelt die Ärmel hoch und spuckt tatendurstig in die Hände, die er dann nach vorn in Richtung Öffnung streckt. Inzwischen schaukelt das Ei heftig, und der Embryo robbt sich immer mehr in Richtung Öffnung. Plötzlich klingelt der Wecker laut.

Embryo: *(mit vor Anstrengung zusammengekniffenen Augen)* Hurra, es ist so weit! Ich bin ein Kind, ich will hier rauuuuuuuuuuuuuus!

Er hockt sich auf den Boden, macht eine ausladende Brustschwimmbewegung mit den Armen und springt nach vorn bis kurz vor die erste Stuhlreihe.

Geburt

Kurze Rede – langer Sinn!

Dauer: ca. 5 Minuten
Person: Vater einer jungen Frau, die gerade Mutter geworden ist
Requisiten: kleine Karteikarten, Stift, Armbanduhr
Ton: Sehr lauter Beifall mit Bravorufen vom Tonträger

Eingangsszene: Der Mann geht nervös von einer Seite der Bühne zur anderen und versucht, sich den Text auf den Karteikärtchen, die er in beiden Händen hält, einzuprägen. Immer wieder blickt er auf die Kärtchen, liest den Text halblaut vor und versucht, ihn dann auswendig nachzusprechen.

Vater: *(von einem Kärtchen ablesend)* … kann ich mich noch genau daran erinnern, wie ich dich zum ersten Mal am Tage deiner Geburt in den Armen gehalten …*(zögert)* Oder sagt man besser im Arm? Oder auf den Armen getragen? Nein, *auf Händen getragen* heißt es ja, aber das passt hier nicht! Also weiter. *(schaut wieder auf sein Kärtchen)* … in den Armen gehalten habe und wie verzückt du mich angesehen hast und … *(sich auf die Brust klopfend)* … mir, deinem Vater, selig zugelächelt hast … *(murmelnd)* Es geht ja nur um mich hier … und … *(zögert wieder, schaut auf und runzelt die Stirn)* … so entzückt war die Kleine damals eigentlich gar nicht, als ich sie hoch nahm. Ich glaube im Nachhinein, dass sie das in gewisser Weise sogar ziemlich schrecklich fand …, warum schrie sie sonst die ganze Zeit wie am Spieß und lief blau an? *(auf sein Kärtchen blickend)* Ich streiche diesen Teil der Rede wohl lieber.
Er zieht einen Stift aus der Tasche und streicht ein paar Zeilen auf dem Kärtchen aus, dann steckt er den Stift wieder ein und läuft weiter auf und ab.

Vater: Wo war ich stehen geblieben? ... zugelächelt hast ... fiel weg, also weiter mit ... *(liest ab)* Heute bist du nun also zur Frau ... *(stutzt)* So ein Quatsch! *Mutter* sollte hier eigentlich stehen. *(macht einen Vermerk mit dem Daumennagel an die betreffende Stelle)* ... zur Mutter geworden und hast ein allerliebstes Freudenbündel zur Welt gebracht. *(stutzt wieder)* Wie hört sich das denn an? Freu-den-bün-del? *(zieht wieder seinen Stift aus der Tasche)* Muss ersetzt werden durch ... *(grübelt)* ... mh, Geschenk Gottes? Stammhalter, Nachfahre, Wonneproppen? *(eifrig gestikulierend)* Sonnenscheinchen ... *(verzweifelt)* Nichts passt richtig!

Er zieht wieder den Stift aus der Tasche und streicht wütend auf dem Karteikärtchen herum.

Vater: Auch dieser Abschnitt muss gestrichen werden! *(hält inne)* Was bleibt denn jetzt noch? *(schaut auf die verbleibenden zwei Karten)* Tag großer Freude heute ..., sahst nie besser aus trotz all der Strapazen ... *(schüttelt den Kopf)* Wie konnte ich denn so einen Blödsinn schreiben! *(wirft die Kärtchen auf den Fußboden und trampelt darauf herum, mit einem Blick auf seine Armbanduhr)* Jetzt ist es sowieso zu spät.

Er streicht seine Kleidung glatt, strafft sich, wendet sich dem Publikum zu, lächelt.

Vater: Meine liebe Tochter, liebe Familie, liebe Gäste ... *(auf das Kind zeigend)* ... und ganz besonders: Liebe kleine Jule! Ich freue mich, dass du geboren bist und ...

Vom Tonträger ertönen tosender Beifall und Bravo-Rufe, sodass er nicht mehr zu Worte kommt und nur noch nickend und lachend mit den Schultern zuckt.

Taufe

Tritt ins Taufnäpfchen

Zeit: ca. 10 Minuten
Person: Pfarrer, ca. 28 Jahre alt
Kostüm: Talar oder Anzug in Schwarz mit weißer Halsbinde
Mobiliar: Tisch und Stuhl
Requisiten: Telefon, Glas mit roter oder gelber Flüssigkeit

Eingangsszene: Der Pfarrer sitzt auf einem Stuhl am Tisch, auf dem ein Glas steht. In kurzen Abständen trinkt er kleine Schlucke. In einer Hand hält er den Telefonhörer. Er wirkt völlig erschöpft.

Pfarrer: Hallo, Eva! Ja, danke, dass du mir heute die Daumen für das Gelingen meiner ersten Taufe gedrückt hast! Leider hat es nicht viel geholfen. *(seufzt)* Was passiert ist? *(kurze Pause und ein erneuter Schluck aus dem Glas vor ihm)* Es hörte gar nicht mehr auf zu passieren, die ganze Veranstaltung wurde zu einer Lawine, kann ich dir sagen! Einmal losgelöst, war sie nicht mehr zu bremsen … *(kopfschüttelnd)* Der Reihe nach? Also gut! *(kurze Pause, in der er einen weiteren Schluck aus seinem Glas trinkt)* Zuerst kamen alle zu spät, und ich stand mutterseelenallein in der Kirche …Wie? *(lacht)* Ja, natürlich von dem Bild der Mutter Gottes dort abgesehen! Du weißt schon, was ich meine! Dann kam die ganze Gesellschaft reichlich angetrunken an, die Mutter völlig durchgeschwitzt mit einem schreienden, um sich schlagenden Kind auf dem Arm …Warte, es kommt noch besser! *(trinkt einen weiteren Schluck aus seinem Glas und macht eine kleine Pause)* Die Mutter schaukelte also ihre plärrende Tochter hin und her, während sich die anderen um die Plätze in der ersten Reihe stritten und ihre Digitalkameras ausprobierten. Furchtbar, sage ich dir! Und das alles in einer Lautstärke! Ich kam mir vor wie auf einem Volksfest und nicht wie in einer Kirche!!! *(kurze Pause)* Unmöglich! Aber wart's ab! Es kam noch schlimmer! Als sich das Kind etwas beruhigt hatte, fing ich an, obwohl mir kein Mensch zuhörte, da alle damit beschäftigt waren, lautstark ihre mitgebrachten Taufgeschenke zu vergleichen. Ein schrecklicher Haufen, sage ich dir! *(trinkt einen Schluck)* Dann sollten eigentlich die Taufpaten an die Reihe kommen, aber plötzlich wusste keiner mehr, wer denn die Taufpaten der kleinen Angelika waren, und ich stand da und lächelte und lächelte und wusste nicht, was ich tun sollte, bis endlich einer den älteren Herrn in der zweiten Reihe weckte, der schon am Anfang eingenickt war und dann während der ganzen Taufe laut schnarchend auf seiner Bank saß. Der kam dann nach vorne gewankt, ließ fast das Kind, das er einen Moment lang halten sollte, ins Taufbecken fallen und gab dann mitten in meiner Ansprache ein lautes AMEN von sich und das Kind eilig an seine Mutter weiter. Zurück auf seinem Platz schlief er sofort wieder ein. *(kurze Pause, in der der Pfarrer einen weiteren Schluck aus seinem Glas nimmt und seine Halsbinde etwas lockert)* Nein, warte noch auf das Ende! *(strafft sich)* Inzwischen wurden die Gäste in der ersten Reihe unruhig, schauten auf ihre Armbanduhren, holten ihre Handys aus den Taschen, drückten wie wild auf den Tastaturen herum und schrieben einander kichernd Nachrichten, obwohl sie sich nebenbei mehr als halblaut miteinander unterhielten. Zwei packten sogar Chipstüten aus … *(vorwurfsvoll)* Was hätte ich denn sagen sollen? Ich war völlig entsetzt! *(seufzend)* Dann kam das Ende: Es war so peinlich … Ich war so durcheinander, weil das Mädchen wieder zu weinen anfing und die Mutter es mir einfach in den Arm drückte und dann selbst weinend nach draußen lief, und alle schrien durcheinander und das ganze Chaos stürzte auf mich ein, und … *(immer schneller redend)* … da nahm ich einen Paprikachip, den mir irgend jemand von dieser verrückten Meute anbot, und schob ihn dem Täufling in den schreienden Mund, worauf die Kleine noch lauter schrie, und ich wollte nur noch weg und diesen Alptraum so schnell wie möglich beenden … *(schneller sprechend und mit der freien Hand eifrig gestikulierend)* … und so übergab ich die Kleine einem ihrer Onkel und wollte zum Abschluss den Segensspruch sagen, aber stattdessen … *(stockt)* Stattdessen … *(stockt wiederum)* Also, stattdessen sagte ich aus Versehen »Und hiermit erkläre ich euch zu Mann und Frau«, weil ich plötzlich alles durcheinander brachte und an die Hochzeit morgen dachte. Plötzlich war es mucksmäuschenstill in der Kirche. Keiner sprach, telefonierte oder kaute mehr, alle starrten mich äußerst nüchtern und entsetzt an, und die Mutter stand wie ein Racheengel in der Kirchentür und droht mir jetzt mit einem Disziplinarverfahren! *(lässt den Hörer fallen und sinkt in sich zusammen)*

Einschulung

Angespitzt!

Zeit: ca. 15 Minuten
Person: Mutter, Schulkind, Statist aus dem Publikum
Kostüme: Straßenkleidung für Mutter und Kind
Mobiliar: Tisch und Stuhl
Requisiten: große Schultüte, viele Plastiktüten, großes Zifferblatt aus Pappe mit verstellbaren Zeigern

Eingangsszene: Mutter und Kind sind zum Fortgehen bereit. Die Mutter zupft an der Kleidung ihres Kindes und prüft, ob es die Schultüte auch richtig hält. Das Kind wirkt gelangweilt, aber artig. Das Zifferblatt auf dem Tisch zeigt 7.45 Uhr.

Mutter: Deine Schultüte hast du … wir können also los. *(nachdenklich)* Ich habe ja wohl auch an alles Wichtige gedacht für deinen ersten Schultag, oder? *(greift in ihre Manteltasche und zieht einen Zettel heraus)* Warte noch mal! Ich will sicher sein, dass wir nichts vergessen haben. Setz dich noch einen Moment.
Sie nimmt dem Kind die Schultüte aus der Hand. Das Kind setzt sich und spielt mit dem Zifferblatt. Die Mutter schaut in die Schultüte, sortiert darin herum und vergleicht mit ihrem Zettel.

Mutter: Füller, Bleistift, Bunt- und Filzstifte, Lineal, Hefter und Hefte … *(lächelnd)* ... ein paar Süßigkeiten für die Pause zum Verteilen … *(lächelt stärker)* Eigentlich eine ganze Menge Süßigkeiten, wie ich erfühlen kann … *(wieder ernster)* ... noch mehr Stifte … *(holt einen Bleistift aus der Tüte und legt ihn auf den Tisch)* Anspitzer … *(kramt heftiger)* ... kann ich nicht finden. Wo habe ich denn bloß den Anspitzer hingetan? *(schaut in die Tüte, bis ihr Kopf fast verschwindet)* Wo ist denn bloß der Anspitzer? Warte mal! Gleich habe ich ihn gefunden! *(kramt weiter)* Ich find ihn nicht! *(seufzend)* Muss wohl vergessen haben, einen zu kaufen. Alle anderen Kinder haben bestimmt alles komplett mitgebracht, was auf den Zetteln für die Eltern stand, und ich möchte nicht, dass du gleich an deinem ersten Schultag einen schlechten Eindruck machst. *(bestimmt)* Nein! Das kommt nicht in Frage. *(Blick auf die Uhr)* Dann kommen wir lieber ein paar Minütchen zu spät. Bleib hier sitzen, ich laufe ins Geschäft und besorge den Anspitzer. Bin gleich zurück!

Sie küsst das Kind und läuft ab. Das Kind baumelt mit den Beinen. Der Statist schleicht auf die Bühne und verstellt die Uhr auf 8.15. Das Kind beginnt zu gähnen und sich zu recken. Der Statist verstellt die Uhr auf 8.45. Das Kind holt sich aus der Schultüte ein Buch und blättert darin. Der Statist verstellt die Uhr auf 9.15. Das Kind legt Kopf und Buch auf den Tisch und schläft ein. Der Statist verstellt die Uhr auf 9.45. Die Mutter läuft mit vielen Plastiktüten auf die Bühne.

Mutter: Was machst du denn da? Aufwachen, wir müssen los! Es ist höchste Zeit! *(zeigt auf das Zifferblatt)* Du hast schon die ersten Schulstunden verpasst!

Das Kind fährt hoch, schaut die Mutter verdutzt an und gähnt.

Mutter: Ich habe noch schnell ein paar Brötchen, etwas Kuchen, Würstchen und Aufschnitt für die Einschulungsfeier gekauft. Und rate mal, wen ich auf meinem Weg getroffen habe? *(blickt auf das Zifferblatt, stellt die Tüten ab und fasst nach der Hand des Kindes)* Du hast ja Recht! Ich erzähle dir alles im Auto, und die Einkäufe kann ich auch später wegräumen! Jetzt müssen wir schnell los, sonst verpassen wir auch noch deine letzte Schulstunde! *(sieht den Bleistift auf dem Tisch)* Steck dir sicherheitshalber diesen Bleistift ein. Du kannst ihn benutzen, falls ihr heute schon etwas schreiben müsst. Dann brauchst du nicht so lange in deiner Schultüte nach einem neuen zu kramen. *(inspiziert den Stift)* Angespitzt ist er zwar nicht, aber du drückst eben nicht so auf, und sonst kannst du dir sicher einen Anspitzer von den anderen Kindern leihen. Jetzt aber los!

Sie gibt dem Kind die Schultüte und zieht es ins Off.

Einschulung

Geisterstunde

Zeit: ca. 10 Minuten
Person: Schulmädchen Stefanie (Alter nach Belieben), eine Geisterattrappe (bestehend z. B. aus einer großen Zimmerpflanze, über die drei verschieden ausstaffierte Bettlaken drapiert werden), ein Statist, der die Geisterattrappe jeweils auf die Bühne bringt
Kostüme: Sommerliche Straßenkleidung für Stefanie
Requisiten: Schulmappe oder -rucksack, Handy, ein Bettlaken mit Gesichtslöchern, auf das viele Sonnen und blaue Wolken gemalt sind, eins mit kleinen Schokoladentäfelchen beklebt, ein drittes mit einem angehefteten Badeanzug und Handtuch

Eingangsszene: Stefanie ist auf dem Schulweg. Lustlos und mit herabhängenden Mundwinkeln läuft sie sehr langsam die Bühne entlang.

Stefanie: Eigentlich habe ich gar nicht so große Lust, heute in die Schule zu gehen … *(strafft sich und beschleunigt ihren Schritt)* Naja, was soll's! Vielleicht wird es ja ganz interessant. Immerhin haben wir heute Englisch, Musik und Sport. Das macht Spaß, und die beiden Stunden Mathe werden auch schnell vergehen … *(etwas skeptisch)* Hoffentlich!

Sie richtet ihren Blick wieder auf den Boden und geht weiter. Die erste Geisterattrappe wird, von ihr unbemerkt, von den Statisten auf die Bühne gebracht.

Stefanie *(neugierig aufblickend)* Wer bist du? Was willst du von mir? *(sein Sonnen-Wolken-Gewand musternd und sich geblendet die Augen mit einer Hand abschirmend)* Eine Fata Morgana, weil heute so strahlend schönes Wetter ist! *(seufzend)* Aber ich muss weiter!

Sie wendet sich ab und setzt ihren Weg fort. Der Statist trägt die Attrappe von der Bühne, wechselt die Bettlaken und stellt die Attrappe an anderer Stelle in Stefanies Nähe wieder auf.

Stefanie: *(überrascht aufblickend)* Nanu! Noch ein Gespenst? *(interessiert die Schokoladentäfelchen auf dem Laken betastend)* Hm, ich habe ja solche Lust, jetzt mit einem Buch im Garten zu liegen und Schokolade zu essen anstatt …*(zieht eilig die Hand weg und schüttelt den Kopf, um wieder zu sich zu kommen; sich selbst ermahnend)* Jetzt ist aber Schluss mit der Träumerei. Auf in die Schule!

Energisch setzt sie ihren Weg fort. Der Statist entfernt die Geisterattrappe und wechselt wieder die Laken. Ein drittes Mal stellt er den Geist in Sichtweite Stefanies.

Stefanie: *(ungeduldig in seine Richtung blickend)* Was denn? Noch einer von der Sorte?

Sie geht auf die Attrappe zu und betastet den angehefteten Badeanzug und das Handtuch.

Stefanie: Mein Badeanzug! Und ein kuscheliges Handtuch! *(nachdenklich nach oben schauend)* Das hat etwas zu bedeuten … Eine Botschaft von oben?! *(etwas schnippisch)* Ich hatte ja wirklich vor, in die Schule zu gehen, aber alle guten Dinge sind drei …, morgen regnet es bestimmt, und die Schule gibt es sicherlich noch eine Weile! *(zieht aus ihrer Manteltasche ein Handy, wählt und spricht)* Hallo Mami, hier ist Stefanie! Nein, keine Sorge, mir ist nichts auf dem Schulweg passiert. Es ist nur so warm heute … Ich glaube, ich habe Sehstörungen und sehe Gespenster … Deswegen komme ich jetzt erst einmal wieder nach Hause, um mich im Garten am Swimming Pool ein bisschen abzukühlen und auszuruhen.

Sie grinst die Geisterattrappe an, heftet die Badesachen vom Laken ab, klemmt sie sich unter den Arm, macht auf der Stelle kehrt und hüpft vergnügt über die Bühne zurück.

Auf eigenen Beinen und Rädern:

Volljährigkeit, Führerschein, Schulabschluss und Hauseinweihung

Die unterschiedlichen Wege vom Kind zum Erwachsenen verlaufen nicht etwa schnurgerade! Manchmal steht man vor echten Hindernissen, wie der Entmündigungsversuch eines Vaters voller guter Absichten zeigt, oder es müssen einige Kurven geflogen werden, wie bei den ersten Erfahrungen in der Arbeitswelt. Auch die ersten Kontakte mit einem Stellvertreter unserer grün uniformierten Freunde und Helfer verlangen mitunter eine Menge Geduld und eine gehörige Portion Selbstbewusstsein ...

Volljährigkeit

Strengstens empfohlen!

Zeit: 10 Minuten
Person: Kai, 18 Jahre alt, Mitarbeiter in einem Videoladen
Mobiliar: Tisch und Regal
Requisiten: Videokassetten oder DVDs, Telefon

Eingangsszene: Kai steht vor dem Tisch, auf dem einige Videokassetten oder DVDs liegen. Hinter ihm im Regal sind ebenfalls Filme eingeräumt. In der einen Hand hält er einen Telefonhörer, in der anderen eine Videokassette / eine DVD.

Kai: *(locker ins Telefon)* Eine Umfrage vom Institut für Kinder- und Jugendforschung? Aber klar beantworte ich Ihnen ein paar Fragen. *(selbstbewusst lachend)* Kiddies und Jugis sind doch unsere beste Kundschaft hier im Laden! Sie haben Glück, dass im Moment nichts los ist. In den letzten drei Stunden war es hier wie bei einem Schulausflug! *(lauscht in den Hörer, leicht empört)* Natürlich, bin gerade 18 geworden, sonst dürfte ich ja hier nicht arbeiten? *(wachsamer)* Doch, auch Kinder haben bei uns Zutritt. *(vorsichtig)* Neues Gesetz gegen Jugendgefährdung? Allein oder mit den Eltern? ... *(nickt plötzlich)* Ach so, jetzt weiß ich, was Sie meinen. *(brav und wie auswendig gelernt)* Nein, bei uns ist der Zugang für Kinder unter 18 Jahren natürlich nur in Begleitung ihrer Eltern erlaubt. Was sie ausleihen? *(stolz)* Wir haben eine Reihe von tollen Kinderfilmen ... *(leicht ungeduldig)* Natürlich leihen nicht alle Jugendlichen Pippi Langstrumpf und Disney-Filme aus! Wir haben ja auch anderes, z. B. interessante Naturfilme, äh ... *(grübelnd)* ... Spielfilme ... also, Klassiker wie *Faust*... Alte Schinken? Mich über Sie lustig machen? *(protestierend)* Aber keineswegs! Unglaubwürdig? Na dann eben ... *(leicht nervös)* ... nette

Familienfilme und Komödien! Werden von Jugendlichen kaum gesehen? Wissenschaftlich erwiesen?? *(wischt sich den Schweiß von der Stirn)* … ähem, kaum zu glauben. Worauf wollen Sie denn hinaus? Neue Verordnungen? Jugendgefährdung? Geschäftsüberprüfung? Nur pädagogisch wertvolle Filme? Äh … *(nervös)* … doch, ja, das haben wir auch … *(nervös lachend)* Eigentlich ist das ja unsere Spezialität. *(rasch und eingebungsvoll nickend)* Ja, ich meine, wir haben uns sogar ausdrücklich auf Lernfilme spezialisiert! *(zufrieden)* Ja, so heißen diese Filme hier bei uns! Strengstens empfohlene Filme! Wenn ich mich hier so umsehe … *(mit einer ausladenden Geste um sich herum)* Jawohl! Die Schüler leihen sich bei uns fast nichts anderes aus. *(überrascht)* Titel? Was für Titel? Von den Lernfilmen? *(etwas hilflos gestikulierend und hinter sich ins Regal mit den Videos blickend)* Also, da muss ich doch mal sehen … also … *(mit dem Finger über ein paar Rücken der Videokassetten fahrend)* … da haben wir z. B. *Der letzte Terminator* im Angebot … *(bekräftigend)* Also der volle Titel heißt *Englisch für die Abschlussklasse mit dem ›letzten Terminator‹* oder … *(nacheinander immer schneller aufzählend)* … hier sehe ich noch *Destruction Man* – ein Lehrfilm mit deutschen Untertiteln für den zweisprachigen Biologieunterricht, *Brust raus!* – eine Serie zur richtigen Körperhaltung und *Die Außerirdischen schlagen zurück*, ein Film über andere Kulturen in der Welt … oder woanders … *(mit Schwung)* Wir haben auch … *(den Hörer leicht hin- und herschüttelnd)* Sind Sie noch da? Warum haben Sie denn aufgelegt? Habe ich schon alle Ihre Fragen beantwortet? *(legt kopfschüttelnd den Hörer auf und rückt die herausgezogenen Videokassetten wieder pfeifend und gut gelaunt an ihre Plätze im Regal zurück)*

Volljährigkeit

Volljährig entmündigt

Zeit: ca. 15 Minuten
Person: Vater, mittleres Alter, und Sohn, 18 Jahre
Mobiliar: Tisch und zwei Stühle
Requisiten: eine Dose Cola, ein Strohhalm, ein Tablett, eine Flasche Bier, ein Glas und ein Teller mit belegten Broten

Eingangsszene: Vater und Sohn sitzen sich am Tisch gegenüber. Der Vater hat beide Ellenbogen auf die Tischplatte gestützt und die Hände gefaltet; der Sohn sitzt passiv mit herabhängenden Armen und leicht gebeugtem Rücken am Tisch und trinkt hin und wieder einen Schluck aus der Coladose.

Vater: *(ernst und zugewandt)* Ab heute volljährig – ein neuer, viel versprechender Abschnitt in deinem Leben hat begonnen! *(da der Junge skeptisch schaut, bekräftigend)* Doch, doch, du wirst schon sehen! Du bist jetzt richtig erwachsen! Auch in unseren Augen! *(Der Junge schaut noch skeptischer)* Du hast mehr Mitbestimmungsrechte … *(zieht plötzlich unwohl und frierend die Schultern hoch und lässt den Hals kreisen, streicht sich mit der rechten Hand über die linke Schulter und massiert seinen Nacken)* Es zieht! *(anordnend)* Mach mal das Fenster zu!
Der Junge steht sofort auf und schlurft über die Bühne, verschwindet kurz im Off und schlurft dann wieder zurück an den Tisch, wo er sich auf seinem Stuhl zusammenfallen lässt und einen neuen Schluck Cola aus seinem Strohhalm trinkt.

Vater: *(die Ellenbogen wieder auf die Tischplatte stützend, ernst)* Mit 18 bist du für uns jetzt ein richtig ernst zu nehmender Mitbewohner, nicht nur unser Kind. *(blinzelt und schaut mit verzerrtem Gesicht nach oben)* Dieses Licht tut meinen Augen nicht gut! Schalte mal das Oberlicht aus, es ist hell genug hier!

Der Sohn erhebt sich wieder, geht schleppenden Schrittes ins Off und kehrt wie vorher an seinen Platz zurück, nachdem das Licht matter geworden ist.

Vater: *(sich die Augen reibend und sie dann wieder öffnend)* Ah, schon viel besser! Wir müssen sowieso Energie sparen! Wo war ich stehen geblieben? Richtig! Du hast jetzt mehr Rechte, aber auch neue Pflichten. *(deutet mit dem Zeigefinger auf ihn und nickt. Der Sohn schaut weiter skeptisch und schweigt.)* Apropos Pflichten: Vergiss bitte nicht, dass wir seit zwei Tagen neue Teppiche haben und deine Gäste heute Abend ihre Schuhe ausziehen. Wenn ihr tanzen solltet, dann denkt an die empfindlichen Biedermeierglasvitrinen und dreht die Musik nicht wieder so laut wie letztes Jahr!

Der Sohn verzieht das Gesicht, verdreht die Augen und schaut nach oben.

Vater: *(beugt sich zu ihm und sieht ihm in die Augen)* Auch das gehört zum Erwachsenenwerden: Die Rechte seiner Mitmenschen zu respektieren. *(fasst sich an den Bauch)* Wenn du in die Küche gehst, bring mir ein Bier und etwas zu essen mit!

Der Sohn steht auf und geht ins Off. Kurze Zeit später kommt er mit einem Tablett zurück, auf dem eine Flasche Bier, ein Glas und ein Teller mit belegten Broten stehen. Er stellt alles vor seinem Vater auf dem Tisch ab, gießt ihm ein Glas Bier ein und setzt sich wieder.

Vater: *(zweimal schnell hintereinander in ein Brot beißend und die Bissen mit mehreren Schlucken Bier hinunterspülend, undeutlich und kauend)* Verstehst du, was ich meine? Du bist jetzt einer von uns und kannst frei entscheiden, was du tun und lassen willst. *(mit einem Zeigefinger auf eine Ecke weiter hinten auf der Bühne deutend)* Machst du mal den Fernseher an, ich will kurz sehen, was die Nachrichten bringen.

Der Sohn erhebt sich seufzend und läuft in eine Ecke der Bühne, kommt wieder zurück. Vater und Sohn drehen ihre

Stühle in Richtung des fiktiven Fernsehgerätes und fixieren ihre Blicke in die Ecke.

Vater: *(laut aufatmend)* Ich denke, ich habe dir für heute erst einmal genug positive Gedanken für dein neues Lebensjahr mitgegeben! Lass mich jetzt einen Moment in Ruhe fernsehen. Geh und frag deine Mutter, ob du ihr noch etwas für heute Abend helfen kannst. Bestimmt hat sie alles schon vorbereitet für deine Geburtstagsparty, sie kocht und bäckt ja schon seit zwei Tagen.

Der Sohn steht auf.

Vater: Warte ... Vergiss nicht, dich bei ihr für all die Vorbereitungen zu bedanken, und geh noch einmal mit dem Hund, bevor deine Gäste kommen, sieh nach, ob genug Seife und Toilettenpapier im Gäste-WC liegen und der Eingang gesaugt ist. *(mit freundlichem Blick auf seinen Sohn)* Wir sehen uns ja später noch, denn ich komme bestimmt ein paar Mal reinschauen, ob ihr es auch nicht zu wild treibt ... *(augenzwinkernd)* Und spätestens um 12 gibt's dann für alle das Gute-Nacht-Glöckchen! *(steht auf, legt väterlich einen Arm um die Schulter seines Sohnes und geleitet ihn freundlich, aber bestimmt über die Bühne ins Off)* Nun bist du also mündig, mein Junge ... *(ihm auf die Schulter klopfend)* Ein neuer, viel versprechender Abschnitt in deinem Leben hat begonnen!

Der Sohn nickt ergeben und schlurft neben seinem Vater über die Bühne ab.

Schulabschluss

Vorbilder

Zeit: ca. 10-15 Minuten
Person: Klara, 18-20 Jahre alt
Requisiten: beschriebene Notizblätter
Kostüme: festliches Kleid oder Kostüm

Eingangsszene: Klara blickt ernst und doch lächelnd ins Publikum.

Klara: *(würdevoll)* Sehr geehrter Herr Direktor Klump, liebe Lehrerschaft! Nach all den Jahren in dieser Schule ist der lang ersehnte Tag gekommen. Ihre stetigen Mühen und ihre fachliche wie auch pädagogische Arbeit haben sich gelohnt, denn jetzt gehen wir hinaus in die Welt, auf die Sie uns während der letzten Jahre so gut vorbereitet haben. Leider kann ich nicht jeden von Ihnen einzeln mit persönlichen Worten bedenken, denn schließlich wollen auch andere Mitschüler noch mit ihren Dankesreden zu Worte kommen an diesem denkwürdigen Tag! *(wischt verstohlen ein paar Tränen weg)* Lassen sich mich also hier nur einige Menschen erwähnen, die uns gefördert haben ... *(pathetisch und mit einer Hand am Herzen)* ... und uns zu den Menschen machten, die jetzt vor Ihnen stehen! *(Pause, Blick auf die Notizblätter)* Direktor Klump hatte immer ein offenes Ohr und ein Wort für unsere Probleme und Sorgen ... ein meist recht kurzes Wort, was sicherlich damit zusammenhing, dass er die meiste Zeit auf Dienstreisen rund um die Welt unterwegs war ... *(mit einer wegwischenden Handbewegung)* Egal! Seine beiden 15-jährigen Sekretärinnen haben sich in der Zeit seiner Abwesenheit dafür umso fürsorglicher um uns gekümmert! *(eindringlich zum Publikum)* Ich denke nur an die undenkbare Mühe, für 230 Schüler Schlüsselduplikate für das Arzneimittelschränkchen zu bekommen ... gar nicht zu reden vom Auftreiben der Schweigegelder für den Schularzt! *(Pause, deutet mit einem Zeigefinger auf das Publikum)* Nun zu unseren Lehrern und Lehrerinnen! Zunächst Herr Dr. Pauli, der uns jede Stunde von seinen Erlebnissen aus seiner Studentenzeit in England erzählte! Leider nie auf Englisch ..., aber ... *(mit einem verständnisvollen Blick ins Publikum)* ... das hätten wir sowieso nicht verstanden! *(mit einem neuen Blick auf ihre Zettel)* Unser Sportlehrer Herr Hase! Allen immer eine Länge voraus und schon seit 30 Minuten in der Dusche, während wir noch auf den Matten schwitzten ... Frau Krause – Mathe – was für ein gerader Rücken an der Tafel ... *(träumerisch)* Wie sie wohl von vorne aussieht ...? *(beschwingt)* Und Frau Knacks, unsere verhinderte Künstlerin! Was habe ich an Taschengeld ausgegeben, um mir ihr selbst gehäkeltes Gemüse kaufen zu können, für das wir dann unsere Einsen in Kunst bekamen ... *(seufzend)* Herr Breuler, Biologie. Ein tolles Fach, so lebendig, so wirklichkeitsnah! Und unsere Eltern haben nie kapiert, wohin die Haustiere verschwanden! *(Pause, feierlich)* Das sind nur wenige Beispiele! *(mit einer umarmenden Geste)* Sie alle hier haben an unserer Erziehung und Bildung mitgewirkt ... *(mit einer Zeigebewegung ins Publikum)* ... sogar unser lieber Hausmeister Herrn Sängel, der gar kein gelernter Pädagoge ist! *(süß mit den Wimpern klimpernd)* Aber die Übergänge zwischen den Berufen sind manchmal fließend ... *(lächelt ins Publikum)* Trotz der schwierigen Situation seiner Bewährungshaft war er nicht nur in der Lage, Konflikte unter den Schülern und sie selbst mit einem Schlag aus der Welt zu schaffen, sondern er lehrte uns auch Lebensnotwendiges für den Schüleralltag, z. B. wie man Schlösser zu Schränken mit Prüfungsmaterialien knackt, schlechte Zensuren durch Drohbriefe verhindert und ... *(lang gezogen)* ... vieles mehr ... Ein großes Dankeschön also an Sie alle! *(feierlich)* Ich bin sicher, dass wir uns alle wiedersehen werden – dann aber hinter anderen Gittern als denen unseres Schultores!

Führerschein

Deutsch als Fremdsprache

Zeit: ca. 15 Minuten
Person: Polizist, Alter nach Belieben
Requisiten: Tonträger, Stift und Notizblock
Ton: orientalische Musik
Kostüm: Polizeiuniform

Eingangsszene: Das Musikabspielgerät steht versteckt, aber gut hörbar und zentral auf der Bühne. Laute orientalische Musik ist zu hören. Ein Polizist erscheint auf der Bühne, der energischen Schrittes auf einen großen unsichtbaren Gegenstand (ein Auto) zumarschiert. Er bleibt stehen, schaut streng auf den Gegenstand und baut sich drohend auf. Als Alternative in der Inszenierung können auch Autoteile, eine Attrappe o. Ä. verwendet werden und/oder eine große Stoffpuppe.)

Polizist: *(laut die Musik übertönend und streng)* So, junger Mann, jetzt halten Sie mal einen Moment an! *(sich die Ohren zuhaltend)* Können Sie diesen Krach bitte leiser stellen? *(die Musik ist jetzt nur noch im Hintergrund zu hören. Laut, mit einer kurbelnden Handbewegung)* Kurbeln Sie mal Ihre Scheibe runter, Sie können mich ja gar nicht verstehen! *(autoritär)* Danke! Ihre Papiere bitte! *(macht eine auffordernde Handbewegung, erklärend)* Sie sind zu schnell gefahren! Kein Aber! Ich möchte Ihre Papiere sehen!! *(ungeduldig)* Ihren Führerschein und die Zulassung, verstehen Sie? *(sich leicht in Richtung des unsichtbaren Fahrers beugend, skeptisch horchend)* Was ist denn das überhaupt für Musik? *(bekräftigend nickend)* Irgendwas Orientalisches. Verstehe kein Wort! *(zum Autofahrer)* Wahrscheinlich sind Sie gar nicht von hier, was? *(blickt den unsichtbaren Autofahrer forschend an. Betont deutlich und laut, in Bruchstücken, dabei mit dem Zeigefinger einer Hand drohend)* Du mir jetzt sofort zeigen dein Fahr-schein, verstehst du? Füh-rer-schein und Auto-schein! Fahr-schein!!! *(überdeutlich artikulierend)* Wo ist Papier? Wo? In Tasche? Portemonnaie? *(unfreundlich)* So geht das nicht! *(laut, langsam, von vielen Gesten begleitet)* Warum? Hier Deutschland, verstehen? In Deutschland Gesetze! Ordnung!! Rechte!! Recht und Ordnung!!! Auto fahren gut. Ohne Papiere nicht gut, verstehst du? *(eifrig den Kopf schüttelnd)* Deutschland nicht so wie zu Hause, verstehst du? Zu Hause vielleicht kein Problem, ohne Papiere Auto fahren, aber in Deutschland Papiere wichtig! *(besserwisserisch mit dem Finger drohend)* Besser erst Sprachkurs machen, dann fahren! Verstehst du? Jetzt ... *(ausholende Geste mit beiden Armen)* ... grooooße Probleme, weil keine deutsche Sprache!

Er lässt mit gespieltem Bedauern seine Arme fallen. Dann holt er einen kleinen Notizblock und einen Stift irgendwo aus seiner Uniform hervor, notiert sich die Angaben des fiktiven Nummernschildes, geht zurück, öffnet die fiktive Fahrertür und tut so, als ob er nach dem Arm des Autofahrers griffe, um ihn zum Aufstehen und Aussteigen zu bewegen. Dabei drückt er heimlich auf die Abspultaste des Tonträgers.

Polizist: *(väterlich streng)* Aussteigen und mitkommen!

Stimme vom Band: *(ärgerlich, klar und deutlich, ohne Akzent)* Jetzt reicht's mir aber mit Ihnen! Ich bin hier geboren und überhaupt nicht zu schnell gefahren! *(das gebrochene Deutsch des Polizisten von vorher imitierend)* Füh-rer-schein kann ich flüssiger aussprechen als Sie, und damit Sie lernen, was der Unterschied zwischen einem ... *(betont)* ... Fahrzeugschein und einem Fahrschein ist, besuchen Sie am besten den Kurs *Deutsch als Fremdsprache* am Goethe-Institut, den ich jeden Donnerstag Abend unterrichte. Es gibt noch freie Plätze!

Der Polizist zuckt zusammen und zieht abrupt seinen Arm zurück.

Hauseinweihung

Freunde zum Essen

Zeit: ca. 10 Minuten
Person: Berthe, fortgeschrittenes Alter
Mobiliar: 5-6 Stühle oder Tische
Requisiten: große Handtasche, Einkaufskorb, kleine Decke, kleines Tau, mehrere Pakete mit Tiefkühl-Fleisch und -Gemüse, kleine Gummibälle, Stoffhund oder »handtaschenerprobter« echter Hund!

Eingangsszene: Auf der Bühne sind verstreut Stühle oder Tische aufgebaut, auf denen die oben angegebenen Requisiten einzeln liegen. Berthe hält in der einen Hand die Henkel ihrer großen und schweren Einkaufstasche, über den anderen Unterarm hat sie einen leeren Einkaufskorb gehängt. Sie stellt die Tasche vorsichtig auf der Mitte der Bühne ab, geht gemächlich und ein Liedchen pfeifend von Tisch/Stuhl zu Tisch/Stuhl und nimmt mal diesen, mal jenen Gegenstand in die Hand.

Berthe: *(fröhlich)* Heute findet nun endlich der Umzug statt! Nur das Nötigste kommt mit, so groß ist unser neues Haus schließlich nicht! Aber geräumig genug für zwei und ein richtiges, frei stehendes Haus! Mit Zentralheizung, voll tapeziert und gefliest ... *(begeistert)* – das gab's vor ein paar Jahren noch nicht!!!!!! *(nimmt ein Paket Tiefkühl-Fleisch vom Tisch/Stuhl und liest laut vor)* Hähnchenleber, hm, lecker! Davon nehme ich gleich zwei Pakete, und etwas Gemüse wäre auch gut. *(späht über die Bühne, geht hinüber und hebt ein Paket vom Stuhl/Tisch; laut vorlesend)* Erbsen und Karotten, extrafein oder ... *(besieht sich das zweite Paket)* ... Rotkohl ...? *(das Paket energisch zurücklegend)* Nein, Rotkohl wird bei Floras Gästen sicher nicht so gut ankommen ... also Karotten und Erbsen ...

Sie nickt zufrieden, legt das erste Paket in ihren Einkaufskorb und das andere zurück. Sie geht weiter zu dem Tisch/Stuhl, auf dem die Decke liegt.

Berthe: *(begeistert die Decke hoch haltend)* Was für eine schöne Decke! Die nehme ich auch mit! Flora ist ja gut gepolstert und das Haus ist geheizt, aber die kleine Jule ist fast nackt und klapperdünn …

Sie legt die Decke ebenfalls in den Korb und geht weiter.

Berthe: *(mit einem Blick auf einen anderen Tisch/Stuhl)* Da liegt etwas Spielzeug für die Jungen. *(nickend)* Gute Idee, ich nehme ein paar Bälle und das Tau mit, damit sie etwas zu tun haben und sich nicht vor lauter Langeweile zerfleischen oder die Großen während der Mahlzeit belästigen.

Zufrieden besieht sie sich ihren vollen Einkaufskorb.

Berthe: So, jetzt habe ich wohl alles für unsere Hauseinweihung heute Abend …

Sie stellt den Korb ab, öffnet die große Handtasche und zieht einen (Stoff-)Hund heraus, den sie liebevoll an ihr Gesicht drückt.

Berthe: *(zum Hund)* Oder fällt dir noch etwas ein, was wir für das Einweihungsessen in unserem neuen Hundehaus heute Abend brauchen, Florachen?

Sie setzt den Hund zurück in die Tasche, hebt diese hoch und steuert mit ihrem Einkaufskorb ins Off.

Paartänze und Ehesprünge:

Polterabend, Hochzeit und Ehejubiläen

Die Planung eines Polterabends, bei dem plötzlich Gedanken über die Richtung aufkommen, in die das Porzellan zu werfen ist ..., Zweifel an der Gutmütigkeit der Poltergeister und die nicht ganz geglückten pädagogischen Versuche, tierische Hochzeitsrituale auf menschliche Brautpaare zu übertragen – Hochzeiten haben ihre eigenen Regeln und Vorlieben. Das zeigt auch der Einblick in die Trickkiste einer etwas reiferen Hochzeitsjubilarin und die feurige Rede einer Hochzeitstorte mit tödlichem Ausgang!

Polterabend

Seltsame Bräuche

Zeit: ca. 10 Minuten
Person: Frau, Alter nach Belieben
Kostüm: extrem fremdländisch wirkende Kleidung (exotisch, verrückt, außerirdisch ...)
Mobiliar: Stuhl oder Sessel
Requisiten: Telefon
Ton: Stimmengewirr, Getrampel, Geräusch von auf den Boden fallendem und zerbrechendem Porzellan (aus dem Off oder von einem Musikabspielgerät)

Eingangsszene: Die Vortragende sitzt in angespannter Haltung auf dem Stuhl und telefoniert. Bei jedem neuen Gepolter zuckt sie zusammen.

Anruferin: *(mit starkem Akzent nach Wahl)* Dort Polizei? Gut, bitte sofort herkommen zu mein Adresse! Schlimmer Krach seit einer Stunde von oben Wohnung! Was für Name? Ich nicht weiß Name von Menschen oben, ich erst wohnen hier in Wohnung für vier Wochen! *(aufgeregt und gestenreich)* Vorher alles sehr ruhig, schöne helle Wohnung, gute Gegend, nette Nachbarn ich getroffen in Treppe und alle gegrüßt und freundlich ... *(kurze Pause)* Ah, Sie meinen meine Name! *(skeptisch)* Warum meine Name? Ich Aufenthaltsgenehmigung unbefristet seit Heirat mit Herrn Ernst, das deutsche Staatsbürger bei euch ist ... *(erleichtert)* Ach so, wegen Klingeln. Unsere Name Höffner in 4. Etage, Rummelsteig 4 in Kreuznach 213.

Wieder zuckt sie bei dem Geräusch weiterer herunterfallender Gegenstände zusammen.

Anruferin: *(ängstlich)* Sie kommen schnell jetzt, bitte schön! Ich wirklich Angst. Viel Krach dort oben, Sie wollen hören?

Sie hält den Hörer des Telefons in Richtung Zimmerdecke und schaut selbst verängstigt nach oben.

Anruferin: Man nicht wissen kann, ob junger Mann schlägt kleine Frau oder ob Kriminalität ... *(da das Gelächter und Stimmengewirr lauter wird, betont)* Große Bande dort oben, Schreie und Getrampel! *(aufgeregt)* Bitte schnell kommen! Normalerweise sehr ruhig oben, nie gehört Lärm. *(kleine Pause)* Ja, ja, ganz junge Leute, aber nie vorher Party feiern, immer zu zweit, dachte gute Verständigung und bald heiraten, aber jetzt große Probleme ... *(mit den Augen rollend)*

Erneut hört man Porzellan zu Boden fallen und zerbrechen.

Anruferin: ... und Streit und ... *(aufgeregt; den freien Arm und ihren Blick nach oben Richtung Zimmerdecke gerichtet)* ... CHAOS! *(kleine Pause. In den Hörer lauschend, fragend buchstabierend)* Pol-ter-abend? Krach? *(nickend)* Verstehe! Ja, das hier ist Polterabend!!! Bitte kommen, um Polterabend zu beseitigen! *(verdutzt)* Warum lustig? Brauch und Sitte? *(verständnislos zuhörend und wiederholend)* Viele Freunde machen Geschirr kaputt vor Hochzeit, um böse Geister zu vertreiben, und dadurch Glück in Ehe? *(ungläubig den Kopf schüttelnd)* Aber das macht sicher böse Geister noch böser, wenn sie nicht mögen große Krach ... *(zuckt bei erneutem Lärm zusammen, laut und vorwurfsvoll)* ... und dann kommen sie eine Etage tiefer zu mir ... *(verärgert in den Hörer)* Nicht sehr lustig! *(das Gespräch abrupt beendend)* Komisches Land mit komische Sitten! Keine Verständigung und Hilfe von diese Leute!

Sie steht entschlossen auf und geht kopfschüttelnd über die Bühne.

Anruferin: Gehe jetzt hoch, zu sehen, wie viele Geister noch übrig nach großes Gepolter!

Polterabend

Totgeplant

Zeit: ca. 15-20 Minuten
Person: Heinz und Henni, ein junges Paar
Kostüm: farbenfrohe, lockere Alltagskleidung für Henni, unauffällig-konservative Kleidung für Heinz
Mobiliar: Tisch und zwei Stühle
Requisiten: Blumenvase mit steif-symmetrisch arrangierten Blumen, Teller mit wenigen, exakt aufgefächerten Keksen, zwei Tassen mit Untertassen, eine Teekanne mit Tee, zwei Servietten, zwei Ringe – alles überaus ordentlich arrangiert

Eingangsszene: Heinz und Henni sitzen sich am Tisch gegenüber, quer zum Publikum, essen Kekse und trinken Tee. Beide tragen Verlobungsringe. Immer, wenn Henni einen Keks vom Teller nimmt oder einen Schluck Tee aus ihrer Tasse trinkt, rückt Heinz alles wieder millimetergetreu an seinen Ausgangsplatz zurück. In kurzen Abständen wischt er ein paar unsichtbare Krümel von der Tischplatte. Er lächelt dabei leicht verkrampft. Henni ignoriert ihn und träumt vor sich hin.

Heinz: *(liebevoll)* Liebling, ich denke gerade ganz spontan an unseren Polterabend im nächsten Sommer! *(ein paar unsichtbare Krümel von der Tischplatte fegend)* Ich weiß, es ist noch Zeit, aber ich plane gern frühzeitig! *(ihre Hand über die Tischplatte ergreifend und ihr in die Augen schauend)* Ich möchte doch nur, dass alles reibungslos verläuft und du glücklich bist!
Henni trinkt einen Schluck Tee aus ihrer Tasse, die Heinz sofort wieder an ihren vorherigen Platz auf der Untertasse rückt.

Heinz: *(lächelnd)* Wir werden einen schönen Abend haben, nicht wahr? *(bekräftigend)* Schließlich mache ich das hauptsächlich deinetwegen! *(sich an die Brust fassend)* ICH mache mir aus der ganzen Feierei mit vielen Leuten gar nichts, das weißt du ja! All die Ausgaben für Essen und Trinken, die laute Musik, der Krach beim Poltern ... *(angeekelt)* ... und dann weiß man auch nie, wann alle endlich wieder gehen ... *(schüttelt den Kopf, dann wieder ihr zugewandt und freundlich)* Aber für mein Spätzchen opfer ich natürlich gern einen meiner knappen freien Abende! *(nachdenklich)* Was den Termin betrifft ... *(bestimmt)* Es muss in jedem Fall nach der Fastenzeit sein! Du weißt ja, wie ausgehungert Atif und Helen sonst immer abends sind, und dann reichen die abgezählten, selbst gemachten Häppchen vielleicht nicht. *(mit einem Blick auf Henni)* Du machst das Büffet doch selbst, oder? Wir müssen nämlich sparen, denn wer weiß, was in unseren langen Ehejahren finanziell noch auf uns zukommen wird ...Wir brauchen ja auch nicht so viele Leute einzuladen, oder? Eine gemütliche Viererrunde tut es sicherlich auch, und wenn wir Martha und Franzi nicht einladen, brauchen wir auch nicht den ganzen Abend diese schreckliche Musik zu hören und wie die Wilden über die Böden zu tanzen. Dann gibt es keinen Krach, und die Nachbarn werden nicht gestört, auch wenn wir keine haben! *(kurze Pause)* Apropos Krach: Du hast doch nichts dagegen, wenn wir Plastik- anstatt Porzellangeschirr zum Poltern nehmen, oder? Du weißt ja, wie lärmempfindlich ich bin ... und außerdem ist es eine Verschwendung, auch wenn es alte und kaputte Tassen und Teller sind, die du gesammelt hast! *(eifrig)* Sollte ich an der Haustür ein Schild mit der Aufschrift *Schuhe ausziehen!* anbringen, damit keiner mit seinen Absätzen unser neu versiegeltes Parkett zerkratzt? *(grübelnd)* Vielleicht kann auch jeder seinen eigenen kleinen Teller mitbringen. Es gibt ja nur Häppchen, und so kleine Teller haben wir nicht ... *(mit erhobenem Zeigefinger)* Auf keinen Fall möchte ich Flecken auf der neuen schneeweißen Auslegeware im Wohnzimmer sehen! Deshalb schlage ich als Getränk Mineralwasser anstatt Rotwein vor!

Heinz arrangiert wieder die Tassen auf ihren Untertellern.

Heinz: *(schaut ihr forschend ins Gesicht, gönnerhaft)* Aber Schnäuzchen! Du verträgst sowieso keinen Alkohol Es ist alles nur in deinem Sinne! *(lächelnd)* Schließlich wollen wir deinen Hormonhaushalt doch nicht durcheinander bringen, bevor wir *(ausladende Geste)* eine große Familie gründen!

Henni hat angefangen, Kekse in ihre Teetasse zu tunken und den Tee durch die Kekse hindurch geräuschvoll zu schlürfen. Heinz nimmt ihr irritiert die Tasse aus der Hand, stellt sie auf der Untertasse ab und ordnet die verbliebenen Kekse neu auf dem Teller.

Heinz: *(mit drohendem Finger, väterlich)* Mein Mäuschen hat aber auch gar keine Manieren! Das kannst du dir nicht mehr lange leisten! Bald musst du unserer zukünftigen fröhlichen Kinderschar stets ein gutes Beispiel geben!

Henni fällt der Keks, den sie in der Hand hielt, auf die Tischplatte.

Heinz: *(kopfschüttelnd, die Krümel beseitigend und den Keks mit den Fingern abstaubend)* Was für ein Missgeschick! Aber zurück zu unserem Polterabend: Die Themen Gäste, Essen und Getränke, Musik und Verhaltensregeln haben wir erledigt! Jetzt müssen wir uns nur noch überlegen, wie wir alle dazu bewegen, uns nicht länger als höchstens zwei Stunden auf die Nerven zu fallen, damit wir unsere zehn Stunden Gesundheitsschlaf bekommen ... *(grübelnd)* Meinst du, wir können eine Zeitspanne auf die Einladungskärtchen schreiben, oder wollen wir es den beiden Auserwählten lieber am Telefon ausrichten, um Papier und Briefmarken zu sparen ...?

Henni bricht demonstrativ mit dem Oberkörper auf der Tischplatte zusammen. Heinz zieht ihren Kopf an den Haaren hoch und fegt unsichtbare Krümelchen unter ihrem Kopf vom Tisch.

Heinz: *(kopfschüttelnd)* Ich hab's doch gesagt: Die ganze Aufregung um den Polterabend ist viel zu viel für mein armes Herzchen! Wird alles abgesagt!

Hochzeit

Seelenverwandte

Zeit: ca. 5 Minuten
Person: Mario, junges bis mittleres Alter
Requisiten: viele bunte Reiseprospekte, Telefon

Eingangsszene: Mario sitzt auf dem Boden und blättert in Reiseprospekten, die um ihn herum verteilt sind.

Mario: Katja wird bestimmt große Augen machen, wenn sie von meiner Hochzeitsüberraschung hört! *(lachend)* Seit Monaten habe ich ihr eingeredet, dass wir sparen müssen und uns deshalb keine große Hochzeitsreise leisten können, aber … *(verschwörerisch)* … das war natürlich nur ein Trick! In Wirklichkeit habe ich schon seit langem immer etwas Geld dafür auf die hohe Kante gelegt, denn eine Hochzeit ohne Hochzeitsreise ist wie eine Hochzeit ohne Hochzeitstorte, was so ist wie eine Hochzeit ohne Kirche … *(hastiger)* … was ist wie eine Hochzeit ohne Gäste, was wiederum ist wie eine Hochzeit ohne Ringe, was ist wie eine Hochzeit ohne Hochzeitsreise … *(erschöpft Atem holend)* … wobei wir wieder am Anfang sind – jawohl! *(nickt bekräftigend vor sich hin und blättert weiter in den Prospekten. Das Telefon klingelt. Mario nimmt den Anruf entgegen, aufgeregt)* Katja, bist du es? *(lachend)* Na, ich erkenne dich eben schon am Klingeln! *(irritiert)* Ist etwas passiert? Du klingst so komisch? *(entsetzt)* Wie bitte??? Du hast die kirchliche Trauung abgesagt, Eheringe sind heutzutage nicht mehr notwendig, eine Torte gibt's auch nicht, die macht nur fett … *(lauter)* … und bis auf die Trauzeugen hast du auch noch alle Gäste ausgeladen??? … *(fassungslos)* Stattdessen hast du WAS gemacht? Eine Hochzeitsreise gebucht?!
(Er lässt entsetzt den Hörer fallen.)

Hochzeit

Nachgeplappert

Zeit: 5-10 Minuten
Person: Isolde, jung bis mittelalt, und ein großer Stoffpapagei
Mobiliar: Tisch
Requisiten: großer Vogelkäfig, Abdecktuch für den Käfig
Ton: Papageienstimme, die ebenfalls von Isolde, aber in deutlich anderer Tonlage (wie von einer Bauchrednerin) gesprochen wird. (Alternative: Stimme vom versteckten Tonträger.) Immer wenn der Papagei spricht, wendet sich Isolde mit dem Gesicht vom Publikum ab, sodass das Publikum ihre Mundbewegungen nicht sieht und der Eindruck eines Dialoges zwischen Isolde und dem Papagei entsteht. (Das gilt auch für die Variante mit der Tonaufnahme, bei der Pausen für die Redeanteile Isoldes berücksichtigt werden müssen.)

Eingangsszene: Auf der Bühne steht ein Tisch, darauf ein großer Käfig mit einem Stoffpapagei. Isolde starrt verärgert in den Käfig. Sie hat beide Hände in ihre Seiten gestützt.

Isolde: *(genervt)* Was quasselst du denn für Namen? Zuerst hast du keinen Ton von dir gegeben und kaum gefressen. Pierre hatte sich solche Sorgen gemacht, dass du den Umzug nicht gut verkraftet hast ..., aber jetzt nimmt dein Geplapper wohl gar kein Ende mehr!

Papagei: *(krächzend und mit französischem Akzent)* Mimi, mein 'erzblättschen!

Isolde: *(verärgert)* Ich heiße Isolde!

Papagei: *(schmachtend krächzend)* Antoinette, isch liebe dir!

Isolde: *(schnippisch, das erste Wort betonend)* Dich heißt das!

Papagei: *(keck krächzend)* Ja, wo ist denn mein Mäusschään?

Isolde: *(sich panisch umsehend)* Eine Maus?

Papagei: *(verführerisch krächzend)* 'übsch siehst du aus, Dominique …

Isolde: *(wieder zum Vogel gerichtet)* Wer ist das nun wieder?

Papagei: Lauf mir nicht weg, Marieschään…

Isolde: *(ärgerlich und mit einer Geste in Richtung des Vogels)* Jetzt hör aber auf!

Papagei: *(trällernd)* Oh, Babette, bist du nett …

Isolde: *(um den Käfig herumlaufend, ironisch)* Du hast aber ein tolles Namensgedächtnis!

Papagei: *(laut krächzend und wie aus der Pistole geschossen)* Nadinchen, Suzanne, Sabinchen, Fabienne …

Isolde: *(mit dem Fuß aufstampfend und sich drohend vor dem Käfig aufbauend)* Jetzt reicht's mir aber, mein Freundchen! Pierre scheint ja ein recht abwechslungsreiches Leben vor seiner Heirat mit mir gehabt zu haben, und du! … *(mit dem Zeigefinger auf den Vogel deutend)* … bist wohl ein besonders begabter Lerner, was? *(energisch)* Aber jetzt ist Feierabend! Verstehst du? *(betont)* Schla-fens-zeit. Ru-he-pau-se! *(wirft ein Tuch über den Papageienkäfig, zu sich selbst)* Mit Pierre werde ich später noch ein Hühnchen rupfen …

Papagei: *(dumpf unter dem Tuch)* Schnell das Isoldchen in die Wanne und ein Hühnchen in die Pfanne!

Isolde ballt beide Hände wütend zur Faust.

Isolde: *(laut und schrill)* Pieeeeeeeeerre!!!

Hochzeit

Cindy-Cinderella

Zeit: 5-10 Minuten
Person: Matthias, junges bis mittleres Alter
Mobiliar: Schreibtisch und Stuhl
Requisiten: Computerbildschirm, Tastatur oder beides als Attrappe

Eingangsszene: Matthias sitzt auf seinem Stuhl am Tisch, auf dem der Monitor steht. Er tippt auf die Tastatur.

Matthias: www. Hochzeit.com *(nachdenklich)* Hm, mal sehen … *Alles zum Thema Hochzeit* brauche ich nicht! Cindy und ich haben das ganze Drumherum ja schon erledigt, nur die Organisation der Fahrt zur Kirche und zurück soll meine eigene … *(betont)* … persönliche Überraschung sein!
Er tippt weiter auf der Tastatur herum.

Matthias: Aha, Hochzeitsmobile … das ist es! *(mit großen Augen)* Eine tolle Kutsche! Für meine Cinderella! *(träumerisch)* Wunderschön romantisch und ganz in Schneeweiß … passend zu den beiden Schimmeln … *(erschrocken zurückweichend)* 500 Euro pro Stunde! Die sind wohl verrückt geworden! *(kopfschüttelnd)* Wer kann sich denn das leisten? *(energisch)* Kommt für uns nicht in Frage! Weiter also … *(tippend; interessiert)* Ah, Luxuslimosine in Lackschwarz, alle Versicherungen inklusive, Champagnerbar im Innenraum plus Chauffeur … *(erschrocken)* 800 Euro Tagespreis! *(kopfschüttelnd)* Auch zu teuer! *(weiter klickend)* Hm, originell … *(vom Bildschirm ablesend)* Sänfte mit luxuriöser Innenausstattung und zwei Trägern in seidenen, original indischen Gewändern … *(den Kopf abwägend hin- und herbewegend)* Indische Sänfte? Das ist vielleicht etwas zu ungewöhnlich hier in Kirschenbüttel und kostet immerhin 400 Euro!

(bescheiden) Vielleicht ein etwas kleinerer Wagen ... *(klickend, vorlesend)* Schnittiger und eleganter Smart, passt in jede Parklücke vor der Kirche ... *(verächtlich)* In jede Parklücke ... zwischen den tollen Schlachtschiffen unserer Verwandten und Freunde! *(abwehrend)* Wie peinlich! *(mit einem einzigen Klick)* Letzter Versuch!

Matthias liest einen Moment am Bildschirm, nickt zunächst leicht, dann immer heftiger.

Matthias: *(entschlossen)* Das ist es! Jawohl! *(mit mehreren gezielten Klicks hintereinander)* Bestellt ... bezahlt ... beendet! *(sich zufrieden zurücklehnend, mit Blick ins Publikum, überzeugt vortragend)* Ein Tandem ist ein Symbol der Zweisamkeit, Bewegung tut gut, von Regen war auch keine Rede, und wenn wir nach der Kirche ordentlich in die Pedale treten, dann reicht auch der Stundenpreis von 7 Euro 90!

Hochzeit

Schneckenhochzeit

Zeit: ca. 10 Minuten
Person: Frau Bethke, mittleres Alter, ein Mädchen in der ersten Publikumsreihe
Kostüm: unauffällige/s Kleidung/Kostüm für Frau Bethke
Mobiliar: Tisch
Requisiten: Terrarium mit Pflanzen und Steinen, Zeigestock
Ton: Gähnen, verschiedene Rufe, Kichern von einem Teil des vorher eingeweihten Publikums

Eingangsszene: Frau Bethke steht halb dem Tisch, auf dem das Terrarium steht, halb dem Publikum zugewandt auf der Bühne.

Frau Bethke: *(ins Publikum dozierend und mit ihrem Zeigestock am Terrarium demonstrierend)* Das Wort *Schnecke* leitet sich von einem germanischen Verb für *kriechen* ab, die daraus abgeleitete wissenschaftliche Bezeichnung *Gastropoda* heißt übersetzt *Bauchfüßler* und weist auf die Fortbewegungsart dieser Tiere hin. *(kleine Pause)* Schnecken gehören zur Familie der Weichtiere und bestehen zu 85 % aus Wasser. Dadurch sind sie kaum vor einer Verdunstung geschützt und müssen ihren Bedarf an Flüssigkeit über die Nahrung oder Haut aufnehmen.
Aus dem Publikum hört man ein lautes herzhaftes Gähnen. Frau Bethke schaut mit vorwurfsvoll hochgezogenen Augenbrauen in die Menge und klopft ein paar Male ermahnend an den Rand des Terrariums.

Frau Bethke: *(fortfahrend wie zuvor)* Schnecken bewegen sich mittels Wellenbewegungen fort und scheiden dabei Schleim aus an der Sohle gelegenen Drüsen aus.
Aus der Menge erklingen angeekelte »Iiiiih-Rufe«. Frau Bethke schaut ermahnend in die Menge.

Frau Bethke: Pst! *(streng)* In der Nacht können Schnecken trotz ihrer Langsamkeit große Wegstrecken bis zu 25 m zurücklegen. Die Tiere sind zwittrig in zeitlicher Abfolge, d. h. es begatten sich Männchen in intensivem Vorspiel, die dann zu Weibchen werden und befruchtete Eier ablegen.

Aus dem Publikum ertönt Kichern.

Frau Bethke: *(überlegen und sachlich)* Wer von euch weiß, was Zwitter sind?

Sie wendet sich ganz dem Publikum zu.

Frau Bethke: *(belehrend)* Zwitter sind Organismen, die die Fähigkeit haben, über entsprechende Geschlechtsorgane sowohl männliche als auch weibliche befruchtungsfähige Geschlechtsprodukte – also in unserem Fall der Schnecken Eier – auszubilden, versteht ihr?

Ein verständnisloses »Hä?« kommt aus dem Publikum. Frau Bethke tritt an das Terrarium und deutet auf den Inhalt.

Frau Bethke: *(zum Publikum, erklärend)* Diese beiden Schnirkelschnecken sind Zwitter und … *(sie schaut tief in das Terrarium; erfreut)* … paaren sich gerade! *(erklärend gestikulierend)* Mit *Paaren* ist gemeint … Sie vermehren sich! *(unsicher ins Publikum, nach einem treffenderen Wort suchend)* … sie … sie feiern Hochzeit!

Kichern und Lachen aus dem Publikum

Frau Bethke: *(mit einer einladenden Handbewegung)* Einer von euch kann sich das gern mal ansehen!

Ein Mädchen aus der ersten Publikumsreihe kommt nach vorn und tritt mit Frau Bethke ans Terrarium. Beide schauen in das Becken. Kurze Pause. Das Mädchen flüstert Frau Bethke etwas ins Ohr.

Frau Bethke: *(überrascht)* Die Hochzeit, auf der du am Wochenende warst, lief irgendwie anders ab? Wie meinst du das?

Das Mädchen läuft schnell wieder zurück auf ihren Platz.

Hochzeit

Rede einer Hochzeitstorte

Zeit: ca. 5 Minuten
Person: nach Belieben und Eignung
Requisiten: knallbuntes Kostüm, Haarschmuck mit Brautpaar-Figuren, Pappteller, Plastikgabeln, Tisch, weißes Tischtuch

Eingangsszene: Die Hochzeitstorte vor dem weiß gedeckten Tisch; darauf die Teller im Stapel und die Gabeln.

Hochzeitstorte: *(ernst deklamierend)* Mein Leben ist kurz,
doch das ist mir schnurz!
Genuss ist die Würze,
(stolz) wer denkt schon an Kürze!

Dies Fest ohne Torte??
(betont empört) Das nimmt mir die Worte!
(mit erhobenem Zeigefinger) Nichts kann mich ersetzen –
Ich werd' euch ergötzen!

Will Lust in euch wecken
(sich die Lippen leckend) und euch recht gut schmecken.
Das ist heut mein Sinn.
Drum ich bei euch bin!

Seid jetzt meine Gäste
(ermahnend) und lasst keine Reste!
Schaut nicht auf mein Ende!
(mit ausgebreiteten Armen) Verspeist mich behände!

Die Torte dreht sich um, greift nach den Tellern und Gabeln und wirft sie lachend ins Publikum.

Hochzeitsjubiläen

Sprechen Sie nach dem Piepton!

Zeit: 5 Minuten
Personen: Patrick, ein eleganter Mann im mittleren Alter
Kostüm: Abendanzug
Mobiliar: Couch und Tisch
Requisiten: Weinflasche und Glas, Kassettenrecorder mit bespielter Kassette
Ton: fünf Frauenstimmen auf dem Anrufbeantworter (Kassette), eventuell Pieptöne zwischendurch, das Geräusch eines aufgeknallten Telefonhörers

Eingangsszene: Patrick kommt lachend und angetrunken über die Bühne auf die Couch zu. Er zieht sich bereits im Gehen die Jacke aus und lockert seine Krawatte, lässt sich mit einem Stöhnen auf die Couch fallen und streift die Schuhe ab, die er irgendwohin schleudert. Er gießt sich aus der Flasche, die auf dem Tisch steht, Wein in ein Glas.

Patrick: Was für eine tolle Frau, und was für ein gelungener Abend! *(verspielt mit den Wimpern klimpernd)* Und während meines Heiratsantrags ist sie vor Rührung fast weggeflossen … *(lacht selbstgefällig in sich hinein)* Die schnappt mir keiner mehr weg!
Er drückt auf die Abspultaste des Anrufbeantworters.

1. Stimme: *(ernst)* Patrick! Hier spricht Bettine! Natürlich ziehst du auch heute wieder um die Häuser! Ich habe es nicht anders erwartet. Du willst eben nicht wahrhaben, dass auch du älter wirst. Genau heute hätten wir unseren 10. Hochzeitstag feiern können, wenn deine Midlife-Krise dich nicht vor fünf Jahren …
Patrick stöhnt, spult vor und trinkt einen weiteren Schluck.

2. Stimme: *(weinerlich)* Liebling! Bist du zu Hause oder findest du so wie ich an diesem besonderen Tag keine Ruhe und ziehst deine ein-

samen Runden draußen in der bitteren Kälte? *(schniefend)* Heute wären es fünf Jahre gewesen, dass wir uns …
Patrick verdreht die Augen und spult weiter.

3. Stimme: *(schneidend kalt)* Jetzt pass mal auf, mein Lieber! Nicht, dass ich rote Rosen an unserem 25. Jahrestag erwartet hätte, schließlich sind wir ja lange genug voneinander geschieden ... *(sarkastisch)* … und ich danke dem Herrn für meine weise Entscheidung damals … Aber ... *(Luft holend)* ... du hattest versprochen, dich heute Abend um deine beiden Enkel zu kümmern, und ich habe mich fest darauf verlassen, da deine Tochter und ich Opernkarten hatten, was wir mit dir bereits vor vier Wochen abgesprochen haben, und die beiden Kleinen hatten sich auch darauf gefreut, ihren Opa wieder einmal nach Monaten … *Patrick schlägt sich mit der flachen Hand an die Stirn und stöhnt auf, spult dann schnell weiter.*

4. Stimme: *(unsicher und sehr jung)* Patrick? Das war doch dein Name, oder? Ich hoffe, ich bin richtig verbunden. *(sich räuspernd)* Hier ist die Petra aus dem Club 23 … also heute vor genau einem Jahr ... *(scheu)* ... waren wir danach noch bei dir, und es war ja nichts Ernstes, und ich wollte dich die letzten Monate auch wirklich nicht wegen dieser einen Nacht belästigen, aber Anna ist jetzt drei Monate alt und total süß, und ich dachte …
Patrick verzieht gequält das Gesicht, spult schnell vor und trinkt einen großen Schluck direkt aus der Weinflasche.

5. Stimme: *(älter und drohend)* Patrick! Hier spricht deine Mutter. Ich weiß, dass du da bist! Geh sofort ans Telefon! *(kühl)* Es gehört schon so einiges dazu, den ... *(mit vor Wut bebender Stimme)* ... 50. Hochzeitstag der eigenen Eltern zu vergessen! Verschone uns also in Zukunft bitte mit weiteren Kreditanfragen!
Der Hörer wird aufgeknallt. Patrick fällt bäuchlings auf die Couch und vergräbt wimmernd sein Gesicht. Das Telefon klingelt, und er greift sehr zögerlich nach dem Hörer.

Patrick: *(ängstlich)* Hallo? Gesine wer? Was für ein Heiratsantrag? Entschuldigung, aber ich glaube, Sie sind falsch verbunden!

Hochzeitsjubiläen

Forever young

Zeit: 10 Minuten
Personen: Rosa, eine sehr gepflegte Frau, 75-80 Jahre alt, und Herbert, attraktiv und sehr jung
Kostüm: eleganter Morgenmantel
Mobiliar: Tisch und zwei Stühle
Requisiten: Frühstücksgeschirr für zwei Personen, Eier, Marmelade, Brötchen etc., 10-15 Pillenröhrchen oder -döschen, später ein Rosenstrauß

Eingangsszene: Rosa geht langsam um den Tisch herum und arrangiert Geschirr und Frühstück. Sie lächelt zufrieden und summt ein kleines Lied.

Rosa: *(mit Blick in das Publikum)* Ein herrlicher Morgen! Dieser einmalige Meeresblick, und was für ein Klima!
Sie holt tief Luft und schließt die Augen.

Rosa: *(erfrischt)* Herbert wird gleich fertig sein, und wir werden bestimmt einen ganz besonders schönen Hochzeitstag heute miteinander verbringen. *(stolz)* Schließlich ist es der 50.!
Sie ordnet das Besteck und die Kanne auf dem Tisch.

Rosa: *(seufzend)* Vor 50 Jahren haben wir uns das Ja-Wort gegeben – mir kommt es gar nicht so lange vor! *(kichert)* Das liegt sicher daran, dass mich Herbert immer noch so behandelt, als hätten wir uns gerade erst kennen gelernt! Immer interessiert und aufmerksam, nie ein böses Wort! Wenn ich mich in seinen Augen sehe, dann sehe ich mich so wie vor einem halben Jahrhundert! *(zögernd)* Naja, fast jedenfalls … *(mit mädchenhaftem Schmollmund)* Herbert will nicht, dass ich auch nur die kleinste Kleinigkeit an mir verändere, um jünger auszusehen. *(bekräftigend und selbstsicher)* Er liebt mich eben so, wie ich bin! *(ver-*

sonnen lächelnd) Mein Herbert! Wenn er mal so tolerant mit sich selbst wäre! *(auflachend)* Aber die Männer sind eben eitel! Immer auf der Suche nach der Jugend! *(trällernd)* Um jeden Preis *Forever young* – mir soll's recht sein!

Sie stellt die Eier in die Eierbecher.

Rosa: *(Schulter zuckend)* Und heutzutage hat man ja ganz neue Möglichkeiten, die Männer zu verjüngen!

Sie zieht nacheinander 10-15 Tablettenröhrchen oder -döschen aus ihrer Morgenmanteltasche und entnimmt ihnen mehrere Handvoll Pillen, die sie sorgfältig und mit schief gelegtem Kopf auf eine der beiden Untertassen und neben einen der beiden Teller legt.

Rosa: *(laut rufend)* Herbert! Frühstück!!

Auf der Stelle kommt der sehr jung und gut aussehende Herbert mit dynamisch ausholendem Schritt breit lachend über die Bühne auf Rosa zu. In der Hand hält er einen Rosenstrauß. Rosa wirft sich juchzend in seine Arme. Er drückt sie liebevoll an sich, wirft sich dann galant auf die Knie und überreicht ihr den Blumenstrauß, den sie mit beiden Händen anmutig entgegennimmt.

Hochzeitsjubiläen

Opas Liste

Zeit: ca. 10 Minuten
Person: Paul, 12-16 Jahre alt
Requisiten: Telefon, Liste und Stift

Eingangsszene: Paul sitzt auf dem Bühnenboden mit dem Gesicht zum Publikum und telefoniert. In einer Hand hält er eine Liste.

Paul: Hallo Opa, hier ist Paul! Wir freuen uns alle schon sehr auf euren 50-jährigen Hochzeitstag am Sonntag! *(lachend)* Ihr seid gespannt, was wir uns für euch ausgedacht haben? Deshalb rufe ich ja an. Ich soll nämlich herausfinden, ob unsere Ideen in die richtige Richtung gehen ... Aber natürlich haben wir uns Gedanken gemacht! *(entrüstet)* Monatelang!! *(kleine Pause)* Gut, ich lese dir unsere vorläufige Liste einmal vor.
Paul nimmt eine bequeme Sitzposition ein und legt die Liste vor sich auf den Boden. In der freien Hand hält er einen Stift.

Paul: *(ablesend)* 1. Eine elektrische Schaffellheizdecke für zwei Personen. 2. Eine Bustagestour nach Dresden zum Weihnachtsmarkt. 3. Zwei Gutscheine für Massagen. 4. Ein Einkaufsgutschein im Reformhaus. 5. Rutschfeste Badewannenmatten und ein Haltegriff. 6. Lammfellgefütterte Winterstiefel und 7. ein halbjähriges Zeitschriftenabo für die *Seniorenpost ... (betont)* ... mit diversen Gutscheincoupons! *(kleine Pause)* Gute Ideen, nicht wahr! *(zufrieden nickend)* Das fanden wir auch! *(leicht überrascht)* Ein paar kleine Änderungen? Gut, ich notiere.
Paul hört zu, gibt in regelmäßigen Abständen kleine »Hm«-Laute von sich und notiert emsig auf seiner Liste.

Paul: *(den Stift zu Boden legend und die Liste aufhebend)* Fertig! Ich

lese dir alles noch einmal vor, falls ich etwas falsch verstanden habe. *(ablesend)* 1. Statt Schaffellheizdecke lieber Seidenbettwäsche. 2. Kein Weihnachtsmarkt in Dresden, sondern lieber etwas später der Karneval in Venedig. 3. Die Gutscheine können bleiben, aber volles Wellness-Angebot den ganzen Tag lang. 4. Einkaufsgutscheine lieber in einer Sportboutique und 5. statt der Badezimmeraccessoires besser gleich ein zweites Badezimmer. 6. Die Winterstiefel nur von *Prada* und 7. die Zeitschriftenidee ist toll, aber ein Feinschmeckermagazin mit ein paar zusätzlichen Restaurantgutscheinen wäre passender! Alles klar! Ich gebe die kleinen Änderungen gleich an meine Eltern weiter, und wir sehen uns dann alle am Sonntag!
Paul steht schwungvoll auf, steckt Liste und Stift in seine Hosentasche und schlendert pfeiffend ins Off.

Runde Lebensjahre und tiefe Einblicke:

Null-Geburtstage

Die runde Null macht jeden Geburtstag zu einem ganz besonderen Feieranlass, und manche Kandidatin nutzt ihn dazu, das verlockende Angebot ihres Lieblingsgeschäfts besonders eingehend zu inspizieren! Kosenamen sollten an diesem Ehrentag mit besonders viel Feingefühl gewählt werden – im Zweifelsfall empfiehlt sich ein Wörterbuch ...
Und wohlgemeinten Überraschungen der bemühten jüngeren Familienmitglieder sollte man mit Nachsicht begegnen, auch wenn sie mitunter nicht nur das Herz des Geburtstagskindes auflodern lassen ...

70. Geburtstag

Plädoyer zum 70.

Zeit: ca. 10 Minuten
Personen: Verteidiger, mittleres Alter, Statist beliebigen Alters
Tiere: kleiner Hund
Mobiliar: Stuhl
Requisiten: ein Hundekuchen

Eingangsszene: Ein Stuhl steht etwas abseits auf der Bühne. Unter ihm kaum sichtbar befindet sich ein Hundekuchen. Der Verteidiger läuft in kleinen Schritten auf der Bühne auf und ab und spricht ernst ins Publikum.

Verteidiger: Liebe Geschworene! Sie haben jetzt in aller Ausführlichkeit alle Punkte der Anklage, die Zeugenaussagen und die kurzen Antworten meiner Mandantin zu diesem Fall gehört. Sie müssen jetzt selbst entscheiden, ob Sie sie schuldig oder nicht schuldig sprechen wollen. Ich glaube, wir konnten in der letzten halben Stunde dieser Anhörung alle mit ansehen, wie sehr meine Mandantin ihre Tat bereut und sie am liebsten ungeschehen machen würde. Denken Sie nur an ihren traurigen Blick und das leise Wimmern, das hier … *(Geste zum Stuhl)* … von diesem Stuhl kam! *(kleine Pause)* Sie zitterte bei den Vorwürfen der Firma Canin und Co. am ganzen Leibe und kroch fast unter ihren Sitz vor lauter Scham. *(kleine Pause)* Natürlich soll der schwere Diebstahl damit nicht entschuldigt werden, aber da ich mich seit Jahren auf diese Art von Mandanten spezialisiert habe, kann ich Ihnen versichern, dass die Tat nicht im Voraus geplant war, sondern im Affekt geschah! *(kleine Pause, in der der Verteidiger wieder auf- und abgeht)* Meine Mandantin ist ein elternloses Straßenkind, von klein auf daran gewöhnt, sich im täglichen Überlebenskampf

Nahrung und Unterkunft selbst zu suchen! *(seufzend)* Stellen Sie sich vor, dass sie sich zehn lange Jahre nur von Resten ernährt hat! *(traurig nickend)* Und dann plötzlich steht sie vor diesem offenen Geschäft, aus dem es so gut riecht ... und kein Mensch weit und breit ... und die Theke ist niedrig ... und sie sieht nur noch die appetitlichen Auslagen hinter den offenen Glasvitrinen ... Können Sie es meiner ausgehungerten Mandantin verübeln, dass sie da zupackte? Nicht nur ihren Hunger stillte, sondern alles, was sie nur irgendwie fassen konnte, mit sich nach draußen schleppte ... *(verständnisvoll)* ... und damit natürlich einen großen Verlust für Canin und Co. anrichtete, ganz zu schweigen von dem Chaos, das sie hinterließ ... *(kopfschüttelnd ans Publikum)* Meine Damen und Herren! Ich bin mir durchaus bewusst, dass meine Mandantin eine schwere Tat begangen hat, doch plädiere ich in Anbetracht ihrer artspezifischen Veranlagung und der besonderen Umstände für Freispruch! *(kleine Pause)* ... zumal wir errechnet haben, dass sie sich bereits in einem fortgeschrittenen Alter befindet, also etwa 70 Jahre alt sein müsste. *(zu einer unsichtbaren Person hinter sich)* Bitte führen Sie jetzt die Angeklagte noch einmal in den Gerichtssaal, damit sich die Geschworenen vor ihrer Urteilsfindung ein letztes Bild von ihrem bedauernswerten Zustand machen können!

Über die Bühne kommt ein Mann, der einen kleinen Hund an der Leine führt oder ihn auf dem Arm hereinträgt. Er setzt ihn auf dem Stuhl ab und gibt ihm einen Hundekuchen.

40. Geburtstag

Flammende Ideen

Zeit: ca. 10 Minuten
Person: Sara, ca. 12 Jahre alt
Mobiliar: Liege/Bett oder Matratze
Requisiten: Stift, Briefbogen und -umschlag

Eingangsszene: Sara liegt bäuchlings auf ihrer Liege und schreibt einen Brief.

Sara: *(konzentriert schreibend, laut vorlesend)* Liebe Mutter … heute ist dein 40. Geburtstag, und mein Geburtstagsbrief soll der erste Glückwunsch sein, den du heute Morgen bekommst! Herzlichen Glückwunsch zum Geburtstag und alles Liebe und Gute! Weißt du, ich habe dieses Jahr wirklich versucht, alle deine Wünsche zu erfüllen … aber mein Zimmer ist einfach zu groß, um es ordentlich zu halten, Michael fängt jeden Streit immer von selbst an, und auch die letzte Mathearbeit war nicht so gelungen, obwohl ich echt viel geübt und abgeschrieben habe! *Sie nickt bekräftigend und setzt drei große Ausrufezeichen hinter diesen Satz.*

Sara: *(weiter schreibend und lesend)* Daher habe ich beschlossen, dir wenigstens ein ganz besonders schönes Geburtstagsfrühstück vorzubereiten und dich damit heute zu überraschen. Ich war ganz leise, und keiner hat gehört, wie ich mich rausgeschlichen habe, um beim Bäcker frische Brötchen zu kaufen, die du doch so gerne magst. Auch der Geburtstagskuchen, den ich in der Zwischenzeit im Ofen hatte, ist nicht verbrannt, obwohl ich … *(lachend)* … Paulina beim Bäcker getroffen habe und es etwas länger gedauert hat, denn sie erzählte mir, dass ihre Mutter auch heute Geburtstag hat und sie auf die gleiche Idee wie ich gekommen ist!
Sie macht eine kleine Schreibpause.

Sara: *(schreibend und parallel dazu vorlesend)* Alles war also vorbereitet, als ich zurückkam, und ich wollte nur noch schnell den Kuchen flambieren, aber irgendetwas ging dann schief … *(seufzend)* … weil ich ja nicht wusste, dass du in der kleinen alten Likörflasche Spiritus zum Fensterputzen aufbewahrt hast … Jedenfalls stand plötzlich der ganze Kuchen und die halbe Küche in Flammen, und ich musste Michael wecken, der … *(verächtlich schnaufend)* … wirklich keine große Hilfe dabei war, die ganze Schweinerei wegzumachen!

Sie macht wieder eine kleine Schreibpause und fährt dann fort wie vorher.

Sara: Eigentlich ist nichts passiert, und wir wollten ja sowieso bald renovieren. Lass die Küchentür aber lieber noch zu und wundere dich nicht, wenn es überall noch etwas komisch riecht. Wir warten auf dich bei Oma, die versprochen hat, einen neuen Kuchen zu backen und mit uns dort alles vorzubereiten, bis du kommst. Bis gleich also und mach dir keine Sorgen! Die anderen Gäste wissen Bescheid!

Sie macht einen Punkt, steht auf, faltet den Brief und steckt ihn in das Kuvert, das sie verschließt. Dann geht sie mit dem Brief in der Hand über die Bühne ins Off.

30. Geburtstag

Geliebtes Ferkelchen

Zeit: ca. 10 Minuten
Person: Sabrina, 30 Jahre alt
Mobiliar: Couch oder Sessel
Requisiten: Telefon

Eingangsszene: Sabrina sitzt auf Couch oder Sessel und telefoniert. Dabei dreht sie sich mit der freien Hand Haarsträhnen.

Sabrina: *(aufgebracht)* Mein 30. gestern? *(mit einer abfälligen Handbewegung)* Eine furchtbare Pleite! Ich wünschte, ich hätte eine nette kleine Party mit ein paar Freunden veranstaltet und mich nicht auf diese Verabredung mit diesem Martin eingelassen! *(schlägt sich verärgert mit der Handfläche auf den Oberschenkel)* Aber ich war in den letzten Wochen dermaßen blind vor Verliebtheit, dass ich an nichts anderes mehr denken konnte, als er mich zur Feier des Tages in mein italienisches Lieblingsrestaurant einlud … *(schlägt sich an die Stirn und schließt die Augen, beteuernd)* Nein, es war eben nicht von Anfang an abzusehen! Im Gegenteil: Er spielte zunächst den perfekten Gentleman … zuvorkommend, aufmerksam – einen Prosecco hier, eine rote Rose da, charmant im Gespräch, weltmännisch, witzig und einfallsreich, gebildet, mehrsprachige nette Komplimente … *(verächtlich)* … nett wenigstens am Anfang! *(Kopf schüttelnd)* Nein, er hat mich nicht *Honey* oder *Chérie* genannt … *(schnaubend vor Wut)* Er hat ein viel besseres Wort für mich gefunden … *(mit boshaft zusammengekniffenen Augen)* Er WUSSTE, dass ich kein Italienisch kann! Was er gesagt hat? *(aufgebracht)* Beschimpft hat er mich! Doch! Und das an meinem 30. Geburtstag! *(noch aufgebrachter)* Wie er mich genannt hat? *(sich steigernd)* Wie? *(fast hysterisch)* Ich werde dir sagen, wie ... *(herausplatzend) Porcellino! (kleine Pause)* Bist du noch da? *(mit einem Aufschrei)* Ha! Von wegen Porzellan! Daran habe ich natürlich auch sofort gedacht, mit der festen Überzeugung, er wolle mir nach der üppigen Schmauserei an diesem Abend ein besonders nettes Kompliment zu meinem rosigen Porzellanteint machen ... *(sarkastisch)* War aber nichts mit Porzellanfrätzchen! *Porcellino* bedeutet *Ferkel*!!! Das flüsterte mir der Kellner verstohlen zu, als Martin meinen Mantel von der Garderobe holte.

50. Geburtstag

Fast ohne Worte

Zeit: ca. 10 Minuten
Person: Christine und Sascha, beide um die 50 Jahre alt
Mobiliar: Tisch mit festlicher Tischdecke
Requisiten: Geburtstagstorte mit 50 Kerzen, Streichhölzer oder Feuerzeug

Eingangsszene: Sascha steht vor dem Tisch mit dem Gesicht zum Publikum vor seiner Frau Christine. Das Publikum sieht Christine nur von hinten. Auf dem Tisch steht eine große und beeindruckende Geburtstagstorte. Sascha zündet nacheinander alle Kerzen an.

Sascha: *(fröhlich)* Einen Moment noch, dann darfst du die Augen wieder öffnen. *(die letzte Kerze anzündend; große Geste; laut)* TRARA! Augen auf und herzlichen Glückwunsch zum Geburtstag!

Er nimmt Christine in den Arm und küsst sie herzlich.

Sascha: *(mit einer Geste zur Torte; stolz)* Schau mal, von *Cartier*! Die machen jetzt auch Torten! Du kannst dir schon einmal einen großen Wunsch überlegen, der dir dann erfüllt wird, wenn du … *(spitzbübisch)* … alle 50 Kerzen mit einem Atemzug ausblasen kannst! *(neckisch)* Das schaffst du doch noch in deinem fortgeschrittenen Alter, oder? *(irritiert)* Das war natürlich nur ein Spaß! Das schaffst du mit Leichtigkeit!

Christine zeigt mit einem Zeigefinger auf die Kerzen.

Sascha: *(geduldig)* Zu viele Kerzen? *(entschuldigend)* Nun sei nicht so empfindlich! Viele Kerzen geben auch viel Licht, und 50 ist eine Zahl wie alle anderen!

Christine zeigt immer noch unverwandt auf die Torte.

Sascha: *(etwas ungeduldig)* Christine, bitte! Nun mach doch nicht so ein Theater, nur weil du heute 50 wirst! *(einlenkend)* Du bist gesund und munter, siehst ganz toll aus, und ich verspreche dir, ab nächstes Jahr keine Kerzen mehr auf deinen Geburtstagskuchen zu stecken! *(leicht verdrossen)* Ich konnte doch nicht wissen, dass dich das so aufregt! *(besorgt ihren Arm ergreifend)* Schatz, was ist denn los? Geht es dir nicht gut? Mach dich doch nicht verrückt wegen dieser blöden Torte und den Lichtern! *(tritt an die Torte und bläst mit einem Atemzug alle 50 Kerzen aus. Beruhigend)* So, jetzt vergessen wir ganz schnell diese kleine Tortenpanne und fangen noch einmal ganz von vorne an, einverstanden? *(in der Tonlage eines Therapeuten zu Christine, die immer noch in derselben Haltung dasteht)* Wir gehen jetzt in ein nettes Café, bestellen uns ein Stück Torte und wenn du dann die … *(betont)* … einzige Kerze, die dort auf dem Tischchen stehen wird, ausbläst, dann kannst du dir so viele Dinge für heute wünschen, wie du willst, und ich werde sie dir alle als kleine Wiedergutmachung erfüllen, einverstanden? *(sieht sie erwartungsvoll und ein bisschen ängstlich an. Sanft)* Liebling, hat es dir die Sprache verschlagen? Sag doch etwas? *(eindringlich)* Sag's mir leise ins Ohr! *(sein Ohr an ihrem Mund, verständnislos) Gucci, Pucci* und *Hucci*? … Woher soll ich denn wissen, ob diese Firmen auch solche Geburtstagstorten herstellen oder nicht?

Ein beliebiger runder Geburtstag

Vollständig restauriert

Zeit: ca. 5 Minuten
Person: Gita, 30, 40, 50 oder 60 … Jahre alt, je nach beabsichtigter Aussage
Kostüm: gepflegte oder elegante Kleidung, eventuell Perücke oder Haarverlängerungsteile
Mobiliar: Tisch, Stuhl und großer leerer Spiegelrahmen mit Stellvorrichtung, z. B. aus Pappe
Requisiten: viele kleine und große Fläschchen, Tiegel und Cremedöschen und Schminkutensilien aller Art, Parfümflaschen etc.
Ton: laute Stimmen, Rufe, Lachen, Hupen, Türklingel (vom Tonträger)

Eingangsszene: Gita sitzt mit dem Gesicht zum Publikum am Tisch vor dem aufgestellten Spiegelrahmen und betrachtet eingehend und kritisch ihr perfekt geschminktes und jugendlich aussehendes Gesicht Zentimeter um Zentimeter im Spiegel.

Gita: *(sich mit zwei Fingern über die Stirn streichend)* Glatt wie ein Kinderpopo! *(zufrieden nickend und ihre beiden Nasenflügel betastend)* Völlig gleichförmig, und bewegen kann ich sie auch noch!
Sie zuckt mit den Nasenflügeln.

Gita: *(kurz eine lachende Grimasse schneidend und dann mit beiden Zeigefingern leicht auf ihre Mundwinkel klopfend)* Wenn ich es mit dem Lachen nicht übertreibe, dann kommen die tiefen Falten sicher erst in frühestens zwei Jahren zurück! *(erleichtert aufseufzend und ihren unteren Kinnbereich streichend)* Keine Spur mehr von Doppelkinn! *(anerkennend)* Für weniger als 250 Euro letztendlich! Die hier waren weitaus teurer!

(die geschminkten Lippen zu einem dicken Kussmund gespitzt, undeutlich murmelnd) Hat sich aber auch gelohnt: Volle Lippen wie eine 20-Jährige!

Sie küsst geziert in den Spiegelrahmen. Dann besieht sie sich zufrieden noch einmal ihr Gesicht von allen Seiten.

Gita: *(anerkennend)* Das hat der Doktor klasse gemacht – alles vollständig restauriert heute zu meinem ... *(Zahl einsetzen)* ... Geburtstag! *(sich suchend umsehend)* Jetzt muss ich nur noch mein Hörgerät finden und den Herzschrittmacher etwas herauffahren, bevor die Gäste kommen!

In diesem Moment hört man laute Stimmen, Rufe, Lachen, Hupen und eine Türklingel vom Tonträger. Gita steht schwerfällig auf, reckt und streckt sich ächzend und bewegt sich, zunächst leicht humpelnd, dann flüssiger, schließlich leichtfüßig hüpfend über die Bühne ins Off.

50. oder 60. Geburtstag

Dufte Düfte

Zeit: ca. 10 Minuten
Person: Werner, 50-60 Jahre alt
Kostüm: Straßenkleidung
Mobiliar: zwei längliche Tische nebeneinander
Requisiten: Parfümpackungen und Probeflaschen in allen Größen, Formen und Farben, Brille, ein besonders kleines und unauffälliges Parfümfläschchen

Eingangsszene: Auf der Bühne stehen nebeneinander zwei Tische mit zahlreichen Parfümflaschen und -verpackungen. Auf dem Boden an einem der Tischbeine steht das kleine, unauffällige Fläschchen mit einer klaren Flüssigkeit. Werner (ohne Brille) läuft langsam an den beiden Tischen entlang und nimmt nacheinander prüfend verschiedene Parfüms in die Hand, die er kritisch begutachtet. Er riecht an einigen Probefläschchen, verzieht immer wieder das Gesicht und stellt sie dann auf den Tisch zurück.

Werner: *(missmutig an einer Flasche schnüffelnd)* Klebrig süß wie ein Bonbon!
Er stellt die Flasche zurück und probiert einen neuen Duft.

Werner: Und dieser hier ist zu herb für Ellen.
Er geht weiter, sprüht sich ein anderes Parfüm auf die Hand und riecht daran.

Werner: Das erinnert mich irgendwie an Tante Elfriede … keine so schöne Erinnerung …
Er wiederholt den Vorgang mit einer neuen Flasche.

Werner: *(erstaunt auf die Flasche blickend)* Das soll ein Damenduft sein? Riecht genau wie Struppis Anti-Flohshampoo! *(liest und hält die Packung mit gestrecktem Arm möglichst weit von sich;*

erstaunt) Struppis Shampoo ist allerdings 100 Euro billiger!
Er stellt die Flasche kopfschüttelnd zurück und geht unentschlossen weiter.

Werner: *(verzweifelt)* Sie hat sich doch zu ihrem Geburtstag so sehr ein neues Parfüm gewünscht, einen Duft, der zu ihr passt und der mir an ihr gefällt!
Er schaut von einem Tisch zum anderen.

Werner: *(mit einer allumfassenden Geste)* Es ist ja wirklich eine große Auswahl vorhanden … *(unzufrieden)* … aber irgendwie passt nichts so richtig zu Ellen!
Er geht wieder zurück und nimmt verdrossen eine weitere Flasche in die Hand, schnuppert daran und stellt sie wieder zurück.

Werner: *(enttäuscht)* Den hatte ich schon ganz am Anfang. *(resigniert)* Ich glaube, ich geb's auf und schenke ihr einen Gutschein … *(vorwurfsvoll)* … obwohl das eigentlich kein sehr persönliches Geburtstagsgeschenk ist und überhaupt nicht das, was Ellen sich vorgestellt hat!
Er schaut verstimmt zu Boden, läuft ein paar Schritte, bleibt dann aber plötzlich stehen und sieht das kleine Fläschchen auf dem Boden, um das ein Etikett mit sehr kleiner Schrift gewickelt ist.

Werner: *(erstaunt)* Sieh mal an! Was steht denn hier versteckt? *(bückt sich und nimmt es hoch, schraubt den Deckel auf und schnuppert vorsichtig, dann noch einmal intensiver. Den Duft tief einatmend)* Mh, das riecht aber frisch!
Er schließt die Augen und schnuppert noch einmal.

Werner: *(begeistert)* Genau danach habe ich gesucht! Zitrusfrüchte – nicht zu süß und nicht zu herb … frisch und fruchtig … *(erfreut nickend)* … zu allen Gelegenheiten passend! *(schwungvoll und außer sich vor Freude)* Dieser Duft ist nicht nur genau der richtige für Ellen – dieser Duft IST Ellen!!!
Er kneift die Augen zusammen und versucht, das Etikett zu lesen.

Werner: *(ungeduldig)* Warum muss immer alles so klein geschrieben sein?

Er zieht seine Brille aus der Tasche, setzt sie auf und liest langsam vom Etikett ab.

Werner: Airfresh Citrusduft ... 2-fach Wirkung gegen Geruchsstau – Bonus-Nachfüllfläschchen ... *(entsetzt)* Na, so was aber auch ...

Er lässt das Fläschchen fallen.

Hinaus in die Ferne!

Beförderung, Pensionierung und Umzug

Die Aussicht auf einen neuen Arbeitsplatz an einem fremden Ort beflügelt oftmals die Fantasie – zumindestens bis sich herausstellt, wo sich das Traumplätzchen wirklich befindet ... Wahre Freunde treffen schon weit im Voraus alle notwendigen Vorbereitungen, um ihre vierbeinigen Lieblinge auch in exotischen Gefilden angemessen versorgt zu wissen, und einige Ruheständler rauben ihren Mitmenschen auf den teuren Plätzen die letzte Ruhe! Dafür haben verabschiedete Mitarbeiter meistens keine größeren Probleme damit, sich von ihren Chefs zu trennen, was nicht immer auf Gegenseitigkeit beruht ...

Beförderung

Seitenwechsel

Zeit: ca. 5 Minuten
Personen: Chefin und Sekretär, beliebiges Alter
Kostüm: Bürokleidung
Mobiliar: Schreibtisch und Stuhl
Requisiten: Büromaterial

Eingangsszene: Der Sekretär sitzt mit dem Gesicht zum Publikum und ist mit Büroarbeiten beschäftigt, als seine Chefin auf ihn zukommt, beschwingt ein paar Papiere zur Seite schiebt und sich auf die freie Tischkante setzt. Der Sekretär will sogleich beflissen aufspringen, aber sie drückt ihn an seinen Schultern auf seinen Stuhl zurück.

Chefin: *(aufgeregt)* Kaffee können Sie mir später bringen, Schmittie! Erst muss ich Ihnen etwas erzählen!
Schmittie setzt sich artig wieder auf seinen Stuhl und hört zu.

Chefin: Raten Sie mal, wer heute Morgen bei mir war? *(ohne Pause)* Der Herr Kundler, genau! Sehr fleißig, sachverständig, die Ruhe selbst und niemals ungeduldig, obwohl er es ist, der sich vor und nach seiner Arbeit überwiegend um Familie und Haushalt kümmert, wie ich jetzt erfahren habe …, immer verständnisvoll zu den Mitarbeitern und erfolgreich und beliebt bei unseren Kunden … *(anerkennend nickend)* Kundler hat schon seit langem eine Beförderung verdient, finden Sie nicht auch? *(ohne den Sekretär zu beachten)* Wochenlang habe ich dafür beim Vorstand gekämpft und mich richtig darauf gefreut, ihm heute seine Beförderung und die damit zusammenhängende Gehaltserhöhung mitzuteilen – die Reisen, neuen Arbeitsgebiete, Herausforderungen, großen Verantwortungen und anderen Privilegien! *(sich plötzlich mit der Faust in die*

Handfläche schlagend, sodass der Sekretär nervös zusammenzuckt) Und wissen Sie, was Kundler geantwortet hat?

Sie schaut ihn auffordernd an. Er zuckt die Schultern.

Chefin: Er hat sich höflich bedankt, aber ruhig und entschieden abgelehnt, weil er seine Familie, den Hund und das Haus sonst zu sehr vermissen würde. Und dann hat er mich gefragt, ob ich diese Stelle nicht stattdessen seiner Frau anbieten könne; sie sei genau die Richtige dafür!

Versetzung/Umzug

Monaco

Zeit: ca. 5 Minuten
Personen: Frank, beliebiges Alter
Kostüm: Bürokleidung, Mantel, Schal, Aktentasche, Brief

Eingangsszene: Frank kommt mit offenem Mantel und wehendem Schal voller Energie und bestens gelaunt auf die Bühne gelaufen. In einer Hand hält er einen Brief.

Frank: *(aufgeregt nach allen Seiten rufend und weiter laufend)* Rita! Wo bist du denn! Gute Nachrichten! *(lacht vor sich hin)* Exzellente Nachrichten sozusagen!
Er hält nach allen Seiten Ausschau nach ihr.

Frank: *(laut)* Rita! Es hat geklappt mit der Versetzung, und du kannst dir schon einmal überlegen, was wir an Möbeln und sonstigen Dingen in unser neues … *(die Arme ausbreitend)* … sorgloses … *(hin- und hertänzelnd)* … sonniges … *(die Augen schwärmerisch nach oben gerichtet)* … Leben mitnehmen! *(juchzend)* Endlich raus aus dem kalten Deutschland! Französische Küche und Mittelmeerflair … *(schmachtend und mit vielen Gesten)* Italien vor der Haustür … Spanien um die Ecke …
Er reißt sich betont dramatisch den Schal vom Hals und zieht schwungvoll seinen Mantel aus, mit dem er in der Pose eines Stierkämpfers von einer Bühnenseite zur anderen läuft.

Frank: *(leicht außer Atem rufend)* Rita! Nun komm doch endlich! Was sagst du zu diesen Zukunftsaussichten? *(Mantel und Schal zu Boden werfend und mit dem Brief wedelnd)* Ich bin nach MONACO versetzt worden … *(jubelnd)* … ins Steuerparadies!!!
Er blickt noch einmal auf den Brief und stutzt dann plötzlich.

Frank: *(entsetzt)* Wie bitte? Monaco in Bayern??? *(sich ärgerlich mit*

der freien Hand auf den Oberschenkel schlagend) Verdammt! Unsere griechische Aushilfe hat wohl versehentlich den griechischen Namen Monaco für München verwendet … *(etwas lahm ins Off rufend)* Lass dir ruhig Zeit, Rita! *(zu sich selbst, ironisch)* Und vergiss Monaco! *(wieder ins Off)* Eigentlich wollte ich dir nur sagen, dass du deine geliebten Weißwürstl mit süßem Senf bald wieder öfter essen kannst! *(zu sich selbst, seufzend)* Und Bayern München gibt es ja auch!
Seufzend faltet er den Brief auf das Format einer Briefmarke, hebt Mantel und Schal auf und geht langsam ins Off.

Umzug

Wahre Freundschaft

Zeit: ca. 10 Minuten
Personen: Kurt, ca. 10-12 Jahre, sein Hund (echt oder ein großer Stoffhund)
Mobiliar: Tisch und Stuhl
Requisiten: Backblech, Schüssel mit Teig, unterschiedlich große Herzförmchen zum Teigausstechen, Teigrolle, Hundekorb oder -decke

Eingangsszene: Kurt sitzt am Tisch, rollt den Teig aus der Schüssel auf dem Tisch aus und sticht mit den Plätzchenförmchen Herzen in verschiedenen Größen aus, die er dann liebevoll auf das Backblech legt. Rechts von ihm liegt sein Hund im Körbchen oder auf der Decke.

Kurt: *(zum Hund)* Mach dir mal keine Sorgen, Karo! Ich lass dich nicht im Stich!
Er wendet sich wieder seinen Plätzchen zu.

Kurt: *(konzentriert)* Ich habe ja auch ein bisschen Angst vor unserem Umzug nach China! Wer weiß, ob ich in der deutschen Schule dort gleich neue Freunde finden werde ... *(skeptisch)* ... und ob mich die chinesischen Kinder nicht komisch finden. *(seufzend)* Ob mich meine Freunde hier vergessen werden, wenn sie mich ein ganzes Jahr nicht sehen ...? *(hoffnungsvoll)* Vielleicht finden sie es aber auch interessant, Post aus China zu bekommen!
Er knetet den Teig weiter und rollt ihn dann aus.

Kurt: *(nachdenklich)* Chinesisches Essen finde ich eigentlich sehr lecker, aber ...*(ernst zum Hund)* ... ich habe gehört, dass an manchen Orten auch schon mal Hunde in die Pfanne kommen ...
Kurt zeigt ernst mit dem Zeigefinger auf Karo.

Kurt: *(ermahnend)* So ein Leben wie hier bei uns kannst du dort jedenfalls nicht erwarten!

Er sticht weitere Herzen aus und legt sie auf das Backblech.

Kurt: *(besorgt)* Lange Spaziergänge und viele Spielkameraden wirst du vielleicht auch nicht haben, und ... *(ernst zu Karo)* ... wer weiß, was du dort zu essen bekommst! *(bekräftigend nickend)* Hundefutter gibt es bestimmt nicht, denn in China halten sich nicht so viele Leute Hunde als Haustiere! *(sich warnend zu dem Hund hinunterbeugend und die noch übrig gebliebene Teigkugel knetend)* Vielleicht sind die wenigen Hundehalter ja auch getarnte Köche... *(schaut Karo bedrohlich nah in die Augen)*

Er legt die Teigkugel auf den Tisch, wischt sich die Hände an den Hosenbeinen ab und kniet sich auf den Boden, um den Hund zu streicheln.

Kurt: *(beruhigend, aber ernst)* Keine Sorge, Karo! Es wird schon nicht so schlimm werden, wir müssen eben nur auf alles vorbereitet sein!

Er steht wieder auf, setzt sich zurück an den Tisch und rollt den Teig erneut aus.

Kurt: *(sich über ein Plätzchen beugend und laut daran schnuppernd)* Hm, nur beste Zutaten... *(nickend)* ... aus dem *Internet-Kochbuch für Gourmet-Hunde* – Meinst du, acht Dutzend reichen als Bestechung für die chinesischen Hundeköche – im Fall, dass du in Gefangenschaft geraten solltest?

Pensionierung

Nicht ohne meinen Chef!

Zeit: ca. 10 Minuten
Personen: Herr Krause, mittleres Alter
Kostüm: Bürokleidung
Requisiten: Telefon

Eingangsszene: Herr Krause telefoniert.

Krause: *(vorsichtig)* Chef? Hier spricht Krause. Ich wollte Sie nicht stören, sondern mich nur noch einmal bei Ihnen persönlich für die nette Abschiedsrede vorhin bedanken! Eine bessere Rede zur Pensionierung hätte ich mir gar nicht wünschen können! *(bewundernd)* Wie Sie so da standen und mir meinen Ruhestand ausmalten ... die Zeit, die ich von nun an für meine Hobbys haben werde, und all die Ausflüge, die ich endlich mit meiner Frau am Wochenende unternehmen kann, weil ich keine Überstunden mehr machen muss ... *(versonnen)* Den ganzen Tag Bücher lesen, wenn mir danach ist ... und gemütliche, sonnige Frühstücksmorgen mit meinen Lieblingstageszeitungen ... *(genüsslich)* Sie haben das alles in den schönsten Farben beschrieben, sodass ich es jetzt kaum erwarten kann, diesen neuen Lebensabschnitt zu beginnen! *(anerkennend)* Und ganz besonders möchte ich mich natürlich für das überaus großzügige und ... *(bescheiden)* ... völlig unangemessene Geschenk von Ihnen und den Kollegen bedanken. Eine sechsmonatige Weltreise für zwei Personen war schon immer mein Traum. *(begeistert)* Und ganz wie Sie vorhin sagten: Ein aufregender Beginn einer neuen Lebensphase! *(zögernd)* Ich bin mir nur nicht ganz sicher, ob ich die Reise wirklich schon morgen antreten kann ... schließlich muss ich noch so einiges vorher bedenken, und meine Frau kann auch nicht sofort und so lange

Urlaub nehmen … *(lauschend, beunruhigt)* Ich soll meine Frau mal einen Moment aus dem Spiel lassen? Sie regeln das schon alles im Nachhinein? *(laut und entsetzt)* WIR treffen uns dann beide morgen pünktlich am Abflugsteig nach London, weil auch SIE nach dieser Abschiedsrede keinen einzigen Tag mehr in der Firma bleiben werden???

Ruhestand

Musik in ihrem Ohr

Zeit: ca. 20 Minuten
Personen: Hanna, Anfang bis Mitte 60, 8-10 Gäste aus dem Publikum, evtl. in Abendroben, einige Musiker aus der anwesenden Band (Anzahl und Instrumente nach Möglichkeit und Belieben) oder Musik vom Band
Kostüm: festliche Abendrobe, Handtasche
Mobiliar: 8-10 Stühle
Requisiten: Operngias, Banane, Tüte mit Hustenbonbons, Seidenschal, Programmhefte

Eingangsszene: Auf der rechten Bühnenseite, schräg zum Publikum, ist eine Reihe von Stühlen aufgebaut. In der Mitte bleibt ein Platz leer. Auf den anderen Stühlen sitzen erwartungsvoll 8-10 Gäste aus dem Publikum, halten Programmhefte in den Händen, blättern darin oder unterhalten sich leise miteinander. Auf der linken Bühnenseite befinden sich die Musiker, die ihre Instrumente stimmen. Plötzlich brechen sie ab, und es wird still unter den Zuhörern in der ersten Reihe. (Alternative: Tonaufnahme.)
Das Konzert beginnt, als Hanna eilig auf die Bühne kommt und sich an den Zuschauern vorbeidrängt, um zu ihrem Platz zu gelangen. Sie lächelt entschuldigend und bedankt sich bei jedem einzeln.

Hanna: *(laut schnaufend, zu ihrem rechten Nachbarn)* Ich bin extra früh losgefahren, habe aber auf der Straße keinen Parkplatz bekommen und musste dann ins Parkhaus fahren. *(sich auf ihrem Stuhl zurücklehnend)* Was für eine Hetzerei! Dabei denken immer alle, dass es ruhiger wird, wenn man pensioniert ist und man viel mehr Zeit für alles hat! *(seufzend zu der*

Nachbarin zu ihrer linken Seite) Das ist aber nicht immer so, denn jetzt muss man ja nicht mehr zur Arbeit und kann sich um so viele andere Dinge kümmern, für die man vorher nie Zeit hatte …

Hanna schaut nach vorn und entspannt sich laut atmend.

Hanna: *(die Augen schließend; genussvoll)* Wirklich schöne Musik … *(sich etwas nach vorn beugend und ein Ohr betont den Musikern zuwendend)* Nur etwas lauter könnte es sein!

Sie schaut sich um.

Hanna: *(mit dem Zeigefinger abzählend)* Der Großteil ist in meinem Alter. *(sich wieder ihrer Nachbarin zuwendend)* Wir Senioren haben eben die meiste Zeit und genug Geld für solche teuren Veranstaltungen *(zu dem Herrn zu ihrer rechten Seite)* Das haben wir uns nach den langen Arbeitsjahren aber auch verdient, finden Sie nicht? *(verdrossen)* Ich bin ja schon still! Keine Kommunikation mehr unter den Menschen heutzutage! Und dabei sagt man doch immer, Musik verbindet!

Sie schüttelt missbilligend den Kopf. Plötzlich bekommt sie einen Hustenanfall. Hanna blickt entschuldigend nach beiden Seiten und zieht umständlich eine Bonbontüte aus ihrer Handtasche. Sie öffnet sie geräuschvoll, entnimmt ihr ein Bonbon, das sie wiederum geräuschvoll auspackt, und steckt es sich in den Mund. Ihr lautes Lutschen wird hin und wieder durch ihr abnehmendes leises Husten unterbrochen. Einige Zuschauer in ihrer Reihe stehen auf und gehen.

Hanna: *(undeutlich)* Da muss ich mich wohl verschluckt haben, denn erkältet bin ich um diese Jahreszeit nie. *(verschmitzt)* Aber ich habe vorsichtshalber immer ein paar Halsbonbons in meiner Tasche … *(vertraulich zu ihrer Nachbarin zwei Plätze weiter)* … um sie jemandem anzubieten, wenn er im Konzert plötzlich einen Hustenanfall … pst, leise sein, ich weiß ja!

Hanna lehnt sich schmollend zurück und lauscht einen kurzen Moment der Musik, dann streicht sie sich über den Magen und verzieht krampfhaft ihr Gesicht.

Hanna: Diese Bonbons schlagen aber mächtig auf den Magen!
Sie kramt in ihrer Handtasche und holt eine Banane hervor, die sie langsam pellt und dann Stück für Stück isst. Anschließend wedelt sie mit der leeren Bananenschale unschlüssig um sich. Weitere Personen um sie herum stehen auf und gehen. Hanna schaut erstaunt, legt die Bananenschale zurück in ihre Tasche, verschließt diese und stellt sie auf den Boden zu ihren Füßen.

Hanna: *(zufrieden)* Jetzt fühle ich mich schon viel besser.
Sie macht es sich auf ihrem Platz bequem, streckt die Beine aus, faltet die Hände auf ihrem Bauch und schläft ein. Ihr lautes Schnarchen vertreibt auch noch die letzten Konzertbesucher in ihrer Reihe. Auch die Musik bricht ab. (Bei Live-Musik verlassen die Musiker die Bühne.)

Hanna: *(aus dem Schlaf auffahrend)* Was? Schon vorbei?
Sie springt von ihrem Sitz auf und applaudiert heftig.

Hanna: *(begeistert)* Bravo! Bravo! Ein wunderbares Konzert!
Sie klatscht weiter und schaut Beifall heischend auf die leeren Sitzplätze rechts und links neben sich.

Hanna: *(bedauernd)* Alle schon unterwegs nach Hause! *(belehrend)* Wenn diese Leute erst einmal pensioniert sind wie ich, werden sie auch wieder mehr Ruhe für die schönen Dinge im Leben haben!
Sie rafft ihre Tasche, dehnt und streckt sich und geht vergnügt pfeifend über die Bühne ab.

Alle Jahre wieder!

Fasching, Weihnachten und Silvester

Auch in der Faschingszeit ist die Kundin Königin, was sogar die erfahrenste Pfannkuchenverkäuferin ganz närrisch machen kann! Spaßig gemeinte Bemerkungen über Narren in der Familie können ebenfalls in den falschen Hals geraten, vor allem, wenn es sich nicht um die eigene Verwandtschaft handelt … Verpatzte Weihnachtsessen werden durch kulinarische Improvisationen mit süd-ost-westlicher Note gerettet, und am Heiligen Abend beziehen die echten Gedichteliebhaber ihr Publikum gekonnt mit in das Vortragsprogramm ein!
Wenn sich das alte Jahr dann seinem Ende neigt, sind die guten Wünsche für das neue auf allen Seiten groß, die ganz persönlichen Wunschlisten für den Partner aber durchaus unterschiedlich lang …

Fasching

Zwieback mit Füllung?

Zeit: ca. 10 Minuten
Personen: Bäckereiverkäuferin Anna, beliebiges Alter
Mobiliar: Tisch
Requisiten: Telefon, Schürze, viele Pfannkuchen mit unterschiedlichen bunten Verzierungen nach Wahl, Fantasie und Möglichkeit

Eingangsszene: Anna telefoniert mit dem Gesicht zum Publikum. Sie hat eine Schürze umgebunden. Auf dem Tisch neben ihr sind die bunten Pfannkuchen in kleinen Pyramiden hübsch aufgebaut.

Anna: *(erfreut in den Hörer)* Sie möchten 50 Faschingspfannkuchen vorbestellen? *(eifrig)* Aber gerne! Wir haben ein großes Angebot und dieses Jahr sogar ganz neue Füllungen dabei … *(nickend)* Ach so, Sie haben schon feste Vorstellungen, verstehe! *(vorsichtig)* Ich wollte Sie ja nur darauf hinweisen, dass wir neben den üblichen Konfitüre-, Likör- und Nuss-Schokoladencreme-Füllungen …*(sich begeisternd)* … jetzt auch Ingwergelee, Marzipan und … *(wieder nickend)* Alles zu süß, verstehe …!

Sie dreht sich um und blickt einen Moment auf die Pfannkuchenpyramiden.

Anna: *(beharrend)* Unsere Ananasfüllung und die bittere Orangenmarmelade sind kaum nachgesüßt und … *(verständnisvoll)* Sie suchen etwas ganz ohne Zucker? *(erfreut)* Das ist auch kein Problem! Wir haben ein großes Sortiment für Diabetiker und bieten für dieses Jahr Pfannkuchen mit süßstoffgesüßten … *(irritiert)* Krebs erregend? Ach so? *(bemüht)* … also auch mit eingedicktem Birnensaft … *(leicht entrüstet)* Nein, über einen

Nebengeschmack hat sich noch keiner bisher beschwert … *(erstaunt)* Pfannkuchen ganz ohne Füllung, Glasur und Verzierung wollen Sie? *(stotternd)* Aber, das sind doch dann gar keine richtigen … *(verblüfft)* Es müssen gar keine Pfannkuchen sein? *(verständnislos stotternd)* Ja, aber Sie sagten doch, Sie wollten 50 … *(laut, völlig perplex)* Missverstanden? Etwas für die schlanke Linie? Zum Fasching? *(verärgert)* Ist das ein Fastnachtsscherz oder was?

Sie hält sich den Hörer vom Ohr und schaut ihn skeptisch von allen Seiten an. Dann fasst sie sich wieder.

Anna: *(höflich und professionell)* 50 schlanke, ungefüllte Teilchen für Ihre heutige … *(ironisch betonend)* … schlanke Faschingsfeier wollen Sie also! *(resolut)* Kein Problem! Die laufen bei uns unter dem Namen Zwieback, und eine Vorbestellung ist nicht nötig!

Sie beendet das Gespräch und läuft kopfschüttelnd über die Bühne ins Off.

Fasching

Gejeckt und genarrt ...

Zeit: ca. 10 Minuten
Person: Jeanette und ihre Freundin Evelyn, Alter nach Belieben
Mobiliar: zwei Stühle und ein Esstisch
Requisiten: Teller, Tassen, Kuchen oder Kekse, eine Postkarte

Eingangsszene: Jeanette und Evelyn sitzen einander gegenüber, sodass das Publikum von Evelyn nur die Rückenansicht hat. Sie trinken Tee oder Kaffee und essen Kuchen oder Kekse. Auf Evelyns Schoß liegt eine Postkarte. Beide lachen, die Atmosphäre ist freundschaftlich-entspannt.

Jeanette: *(lachend)* Du bekommst also morgen Besuch von den Jecken und Narren mit ihren lächerlichen Faschingskappen, hm? *(übermütig)* Du bist aber gemein! *(neckisch)* So schlimm finde ich deine Familie gar nicht! *(nachdrücklich)* Nein, wirklich! Zugegeben, dein Vater macht jedes Jahr dieselben albernen Witze, aber du musst mal andere Männer in seinem Alter erleben! So senil ist er noch nicht ...*(kichernd)* ... der alte Jeck!

Evelyn hustet, und Jeanette klopft ihr leicht auf den Rücken, worauf Evelyn sich wieder fängt und langsam weiter kaut.

Jeanette: *(freundlich)* Auch deine Mutter ist eine lebenslustige Frau ... sicherlich etwas närrisch in ihrer Schrulligkeit, aber ihre Schlampigkeit und Chaotik haben doch auch etwas Sympathisches!

Sie lächelt Evelyn zu, die jetzt einen Schluck Tee trinkt und langsam wieder normal atmet.

Jeanette: Und zu den lächerlichen Faschingskappen ... *(theatralisch)* Du meinst doch nicht im Ernst, dass deine beiden Zwillingsbrüder auch dieses Jahr wieder ihre peinlichen Gamsbarthüte aufsetzen werden, über die sich kein Mensch außer ihnen selbst den ganzen Abend amüsieren kann!!!

Evelyn hat sich jetzt steif aufgesetzt

Jeanette: *(einlenkend)* Ich wollte damit ja nur sagen, dass deine Familie doch eigentlich ganz in Ordnung ist ... *(etwas hilflos gestikulierend und sie um Verzeihung bittend anblickend)* Du warst es doch schließlich, die von ihnen eben noch als Jecken und Narren mit lächerlichen Faschingskappen gesprochen hat!

Evelyn reicht der Freundin die Postkarte von ihrem Schoß, die Jeanette etwas unsicher entgegennimmt.

Jeanette: *(langsam laut vorlesend)* »Liebe Evelyn, herzliche Urlaubsgrüße aus Gran Canaria, wo wir herrliche Sonnentage verbringen, aber dich und deine tolle alljährliche Faschingsparty sehr vermissen! Als Ersatz für uns schicken wir dir ein paar ausgewählte Stimmungskanonen aus Papis früherem Kölner Faschingverein: Die Jecken und die Narren mit ihren ...«

Sie bricht peinlich berührt ab und starrt Evelyn betreten an.

Weihnachten

Tian Fu (Großes Glück)

Zeit: ca. 10 Minuten
Person: Lars, ca. 14-17 Jahre alt
Mobiliar: Tisch
Requisiten: Attrappe, die ein verkohltes Geflügeltier – Ente, Gans oder Huhn – darstellen soll, zwei Topflappen, Armbanduhr, großer Bratentopf mit Deckel

Eingangsszene: Lars hievt mit Hilfe zweier Topflappen einen schweren Bratentopf unter dem Tisch hervor und stellt ihn so auf den Tisch, dass das Publikum das Folgende gut sehen kann. Gespannt und langsam öffnet er den Deckel, prallt aber entsetzt zurück. Angewidert nimmt er den verkohlten Braten mit beiden Topflappen aus dem Topf, betrachtet ihn einen Moment und lässt ihn in den Topf zurückfallen.

Lars: *(entsetzt)* Was ist denn das??? Ich war doch nur ganz kurz am Telefon …
Er schaut auf seine Armbanduhr.

Lars: *(nervös)* In einer halben Stunde kommt die ganze Familie aus der Kirche zurück, und bis dahin sollte alles schön gedeckt und vorbereitet sein! *(verzweifelt)* Was mache ich jetzt bloß?
Er piekt mit einem Finger etwas auf dem Huhn herum.

Lars: *(skeptisch)* Vielleicht ist der Vogel ja nur außen verkohlt, und das Innere ist noch zu retten?
Er kratzt an dem Braten und verbrennt sich den Finger, den er sich schnell in den Mund steckt. Er schlägt wütend mit der Faust auf den Tisch.

Lars: *(laut und ungehalten)* Da schiebe ich hier stundenlang Wache vor dem Ofen und verpasse dabei die ganze Weihnachtspredigt und das Singen und Marie und die anderen … und dann so etwas! *(vorwurfsvoll zu dem Braten)* Wenn meine Eltern dich hier so sehen, dann werden sie wünschen, anstatt dir wäre mir der Hals umgedreht worden …

Er läuft nervös vor dem Tisch auf und ab.

Lars: *(mit einem traurigen Blick auf das Stück Fleisch)* Die geht weder als *kross und knusprig* noch als *doppelt gebraten* durch, und so süß werden die anderen mein kleines Missgeschick sicherlich nicht finden und ganz sauer auf mich sein!

Er schüttelt sich in banger Erwartung und geht dabei mit hoch gezogenen Schultern und zusammengekniffenen Lippen weiter auf und ab, den Blick zu Boden gesenkt.

Lars: *(plötzlich abrupt stehen bleibend, aufgeregt)* Süß und sauer! Das ist es! *(bekräftigend nickend)* Dieses Weihnachten gibt es eben *Ente süß-sauer* vom Chinesen! *(mit einem hastigen Blick auf seine Armbanduhr)* Ich hole schnell ein paar Portionen aus dem *Tian Fu* an der Ecke, bevor alle wiederkommen. Klöße und Rotkohl werden eingefroren, und die Entenreste unter der verkohlten Kruste pürier und servier ich als pikante Crème Brûlée!

Er setzt den Deckel wieder auf den Bratentopf und den Topf auf den Boden, wo er ihn mit einem kleinen Tritt unter den Tisch befördert. Dann läuft er schnell ins Off.

Weihnachten

Es treibt der Wind im Winterwalde ...

Zeit: ca. 5 Minuten
Person: Rudi, ca. 10-12 Jahre alt
Mobiliar: Tisch
Requisiten: ein Adventsgesteck, (Weihnachts-)Buch, das zerschnitten werden kann, eine kleine Schere in Rudis Hosentasche, Papierstreifen, auf denen gut lesbar jeweils einer der acht Verse des Weihnachtsgedichts von Rilke steht (im Buch versteckt).

Eingangsszene: Rudi steht feierlich vor dem Publikum. In beiden Händen hält er das Weihnachtsbuch. Neben ihm auf dem Tisch steht eine brennende Kerze in einem Adventsgesteck.

Rudi: *(stockend und monoton aus dem Buch ablesend)*
Es treibt der Wind im Winterwalde
die Flockenherde wie ein Hirt, ...
Er hält das Buch weiter in den Händen und schließt die Augen.

Rudi. *(wiederholend)*
Es treibt der Wind in Windeseile ...
die ... äh, ... die Herde wie ein Flockenhirt?
Er öffnet die Augen, schaut hastig in sein Buch und schließt sie schnell wieder.

Rudi: *(bemüht und langsam)*
Es treibt das Kind im Windeswalde
die Flockenherde wie ein Wirt ...
(kopfschüttelnd) Nein, so ging es auch nicht! *(seufzend)*
Vielleicht kann ich den ersten Teil auslassen, mal sehen, wie es weitergeht ...
Er liest wieder stockend und monoton aus dem Buch vor.

Rudi: ... und manche Tanne ahnt, wie balde
sie fromm und lichterheilig wird.
(bewundernd und betonend) Lichterheilig! So ein Wort vergesse ich nachher bestimmt in der ganzen Aufregung! *(leicht verzeifelt)* Das kann ich mir niemals merken!
Er wirft das Buch mit dem Buchrücken nach oben auf den Tisch.

Rudi: *(resigniert)* Ich geb's auf! Außerdem ist es jetzt viel zu spät dafür, noch bis heute Abend ein Gedicht auswendig zu lernen! *(mit schmollend vor dem Körper verschränkten Armen)* Etwas muss ich aber zum Weihnachtsfest heute beitragen ...
Er greift etwas widerstrebend nach dem Buch und blättert es durch.

Rudi: *(murrend)* So ein schönes Gedicht! *(plötzlich hoffnungsvoll)* Aber wer sagt denn, dass ich alles allein machen muss!
Er zieht eine Schere aus der Hosentasche und schnipselt mit dem Rücken zum Publikum in dem Buch herum. Einzelne Papierstreifen fallen zu Boden. Schließlich dreht er sich strahlend um und hält alle vorher vorbereiteten acht Verse des Gedichts auf den acht Papierstreifen hoch.

Rudi: *(begeistert ins Publikum)* Jeder liest einen Vers vor, und ich dirigiere das Ganze!
Er teilt seine Verse an Personen der ersten Zuschauerreihe aus und fordert sie mit den Bewegungen eines Dirigenten auf, diese nacheinander vorzutragen, was sie auch tun.

Rainer Maria Rilke

Es treibt der Wind im Winterwalde

Es treibt der Wind im Winterwalde
die Flockenherde wie ein Hirt,
und manche Tanne ahnt, wie balde
sie fromm und lichterheilig wird,
und lauscht hinaus, den weißen Wegen
streckt sie die Zweige hin, bereit –
und wehrt dem Wind und wächst entgegen
der einen Nacht der Herrlichkeit.

Silvester

Ach, Hubi!

Zeit: ca. 10-15 Minuten
Person: Renata und Hubert, beide im mittleren Alter
Mobiliar: Couch und seitlich stehender Tisch
Requisiten: ein Briefblock mit mehreren vollgeschriebenen Seiten, ein einzelner kleiner Notizzettel, Silvesterdekorationen, z. B. Luftschlangen

Eingangsszene: Die Couch steht offen zum Publikum hin. Auf der einen Seite der Sitzfläche liegt der Briefblock, auf der anderen Seite der kleine Notizzettel. Renata ist damit beschäftigt, die Bühne für eine Silvesterparty zu dekorieren. Zuschauer in der ersten Sitzreihe dürfen »mitgeschmückt« werden! Hubert hilft ihr dabei.

Renata: *(eine Dekoration an einem Gast befestigend und dann die dekorierte Reihe und Bühne musternd)* So, jetzt sieht es langsam nach Silvesterparty aus, meinst du nicht auch, Hubert?
Hubert nickt.

Renata: *(ihm die restliche Dekoration in die Hand drückend)* Jetzt machen wir erst einmal eine kleine Pause.
Sie geht zur Couch, nimmt ihren Briefblock in die Hände und lässt sich gemütlich auf die Polster fallen. Hubert legt die Dekorationen auf den Tisch und setzt sich dann geradewegs auf den kleinen Zettel.

Renata: Wollen wir jetzt unsere Listen vergleichen?
Hubert schaut sie verständnislos an.

Renata: *(etwas ungeduldig)* Du weißt schon! Wir hatten doch verabredet, dieses Jahr bis zum 31. Dezember all das aufzuschreiben, was wir uns für das nächste Jahr voneinander wünschen! *(skeptisch)* Hast du das etwa vergessen? *(zeigt auf ihren Briefblock, leicht vorwurfsvoll)* Ich habe das ganze Jahr gesammelt, und wo ist deine Liste?

Hubert deutet verschmitzt auf die Sitzfläche unter sich. Renata atmet auf und lächelt ihm zu.

Renata: *(verständnisvoll)* Aha, du willst mich nur noch etwas auf die Folter spannen! Na gut, dann fang ich mal an. *(schlägt die erste Seite um und beginnt vorzulesen)* Also ich wünsche mir im neuen Jahr, dass du mehr für deine Gesundheit tust, weniger rauchst, etwas abnimmst und wieder Sport treibst. *(mit einem Blick auf Hubert)* Dann würdest du sicherlich auch nicht mehr so laut schnarchen, und ich könnte nachts endlich wieder in Ruhe schlafen! *(blättert um und liest weiter)* Es wäre auch schön, wenn du weniger Zeit auf der Arbeit verbringen und nicht immer so spät nach Hause kommen würdest. Dann wärst du ausgeruhter, müsstest dich nicht immer erst stundenlang vor dem Fernseher entspannen und könntest dich mehr um die Kinder und mich kümmern! *(schlägt eine weitere Seite um)* Ich würde abends auch gern öfter ausgehen und … *(lang gezogen)* … viiiiel mehr verreisen als dieses Jahr … *(mit einem Blick auf Hubert; zögernd)* Ich kann auch erst einmal eine Pause machen, und du liest etwas von deiner Liste? *(unsicher durch den Block blätternd)* Ich habe nämlich noch ein paar Punkte … *(legt den Block zur Seite und deutet auf die Sitzfläche unter Hubert. Auffordernd)* Lies mal etwas von deiner Liste!

Hubert beugt sich leicht zur Seite und zieht das kleine Notizblatt unter sich hervor.

Renata: *(erstaunt)* Das ist aber klein! *(nimmt es ihm aus der Hand. Noch erstaunter)* Und es steht auch nur ein einziger Satz darauf!! *(langsam ablesend)* Ich wünsche mir vom neuen Jahr, dass Renata so bleibt, wie sie ist! *(wirft sich auf Hubert, umarmt und küsst ihn, bricht in Freudentränen aus)* Ach, Hubi!